大人の女はどう働くか？

絶対に知っておくべき考え方、ふるまい方、装い方

NICE GIRLS DON'T GET THE CORNER OFFICE
101 Unconscious Mistakes Women Make That Sabotage Their Careers
by Lois P. Frankel, PhD

道はないと知り、
あとに続くわたしたちが楽になるように道をつくってくれた、
ハリエット・タブマン、エレノア・ルーズヴェルト、
ベイブ・ディドリクソン、ウィルマ・マンキラー、
ローザ・パークス、ゴルダ・マイア、
その他の女性たちに、この本を捧げます。

はじめに

〝女の子〟は卒業しよう

わたしはこれまで、働く女性を対象としたワークショップやコーチング、あるいは心理セラピーなどを通して、何千人もの女性を指導してきました。この本は、そんなわたしの約二五年分の仕事を集大成したものです。これを読めば、ビジネスシーンで女性がおかしがちな、まちがったふるまいの数々がわかります。女性が仕事で能力を発揮しきれない原因も見えてきます。もちろん、あなたがよりすばらしいキャリアを築くために役立つアドバイスもしています。

本書で挙げた一〇一の注意すべき言動は、いずれも実際にあったものです（秘密保持のため身元は変えてあります）。また、各項目の最後に記したアドバイスも、わたしが実際にクライアントに言ってきたものです。うれしいことに、これまで何人もの女性から、「あなたの助言のおかげで昇進（あるいは雇用、昇給）の希望が叶った」とか、「上司や同僚から敬意を払われるようになった」、「起業する自信がついた」といった報告を受けています。

ただし、この本はすべての女性に向けて書かれたものではありません。すでに固定観念から脱却し、自分にふさわしい言動ができている人には、もう必要ありません。

では、あなたはどうでしょう？　ためしに、次に挙げる一〇項目のうち、自分に当てはまると思うものにチェックを入れてみてください。

□周囲からプロだと認められている。
□信頼できるという評判を得ている。
□自己主張ができると思われている。
□有能だと言われてきた。
□人と話すと、相手に知的な印象を与える。
□躊躇《ちゅうちょ》なくストレートな態度をとれる。
□考えを明瞭に表わす話し方ができる。
□仕事においては抜け目がない。
□自分に自信がある。

□ 自分をどうアピールすべきかを心得ている。

この一〇項目は、仕事で成功するために欠かせないものです。同時に、多くの女性が身につけられていないものでもあります。もしすべての項目にチェックが入ったら、あなたは自分で本を書くべきです。でも、当てはまる数がゼロから七つまでだったら、この本を読むべきです。

わたしはこれまで、昇進を見送られたり、会議の席で無視されたりした女性たちを数多く見てきました。そこからわかったのは、彼女たちの態度や反応には共通点があるということでした。実は、どの人もみな、無意識のうちに自分の威信を損ない、キャリアの妨げとなるような言動をとっていたのです。

なぜでしょう？

原因のひとつは社会通念にあります。女性は幼いときから、「幸せと成功を手に入れるために、礼儀正しく、口調は優しく、従順で、他人の気持ちを優先するようでありなさい」と求められます。もし、それに反する言動をとろうとすると、嘲《あざけ》られ、非難され、誰にも認めてもらえない。つまり女性は、大人の女にふさわしい態度をとるよりも、〝従順な女の子〟でいるほうが楽なのです。成長してからもなお、しばしば女の子のようにふるまうのはそのためです。

しかしわたしは、クライアントによく、「もう〝女の子〟はやめなさい」と注意します。何でも言われたとおりに行動する必要はない、あなたには他の選択肢もある、誰もがリーダーにふさわしい成長を遂げられる、といったことを知ってほしいからです。

残念なことに、職場にはいまだに男女格差があります。調査でも、女性の給与は男性の七二パーセントで、昇進を見送られる可能性が高く、勤務評定でも男性より一貫して低く評価されているという結果が出ています。フォーチュン誌によると、アメリカ国内の大手一〇〇〇社のうち、トップに女性をおいているのはわずか一一社です。これが現実なのです。

とはいえ、こうした事実を合理化したり、嘆いたり、あきらめたりする態度は感心しません。それは現状維持の言い訳にすぎません。あなたの夢や希望はけっして叶わないでしょう。

わたしの仕事は、クライアントに選択肢を提示することです。人生においては、どんな手札を配られるかわかりません。でも、それにどう対応するかは自分で決められます。手札自体は変えられなくても、自分がどう行動するかは自由に選べる――つまりあなたは、仕事をする女性として、他人の意に沿った態度ばかりとることもできれば、自律的に行動して道を切り開いていくこともできるのです。

後者のような生き方を選ぶ力を人に与えることを、〝エンパワーメント〟と言います。本書はまさに、エンパワーメントを目的としています。

この本では、女性が改善すべき点を指摘するだけではなく、行動を変えるための具体的なアドバイスをしています。少女時代には適切でも、大人のあなたには不適切な言動というものがあります。それらはキャリアを停滞させ、昇給を妨げ、ときには仕事の継続さえ難しくします。

仕事における成功は、男性的にふるまうことではなく、大人の女性として行動することによってもたらされます。本書では、大小合わせて三〇〇以上のアドバイスをしていますが、そのうちの一部でも実践すれば、必ず変化があらわれるはずです。

この本の使い方

本書では、女性が職場でおかしがちな一〇一の言動をチェックしていきます。これまでの経験から、人は不適切な言動が多いほど、潜在能力を発揮しにくくなることがわかっています。

まずは、1章の自己評価から始めましょう。そうすれば、あなたがどういうまちがいをおかしがちかが見えきます。

それができたら、順番は無視して、あなたのキャリアを妨げている言動に関する章から読みはじめてかまいません。先に述べたとおり、それぞれの項目の解説のあとには、実際に有効だったアドバイスを紹介しています。また、アドバイスの最後にはチェック欄を設けましたので、実践しようと思ったものには印を入れましょう。

そして、すべてを読み終わったら、印の入っている項目を取り出して、付録にあるステップアップのための計画表を完成させてください。

ただし、がんばりすぎてはいけません。まずは一週間にひとつの行動を選んで、それに集中するくらいがちょうどいいでしょう。自分がどのようなときに、どのようにして、みずからの可能性をつぶしていたかが、しだいにわかってくるはずです。わかってきたら、その自滅的な言動をもっと有意義な言動に変えていけばいいのです。

あなたならできます。さあ、今すぐ大人の女性にふさわしい働き方を身につけましょう。

はじめに　〝女の子〟は卒業しよう……4

1章 自分を知るテスト

まず自己評価から……20
目標は、「大人の女にふさわしい行動」を「自然に」とれること……25
心を軽くして、始めよう……27

2章 試合の進め方

チェック1　試合ではないふりをしていないか？……32
チェック2　安全な試合ばかりしていないか？……35

3章 行動のしかた

チェック3 必死に働きすぎていないか？……37
チェック4 人の仕事までしていないか？……39
チェック5 休憩せずに働いていないか？……41
チェック6 人を信じすぎていないか？……43
チェック7 経費を切り詰めすぎていないか？……45
チェック8 与えられるまで待っていないか？……47
チェック9 社内政治を無視していないか？……50
チェック10 良心の代弁者になっていないか？……52
チェック11 愚かな人をかばっていないか？……55
チェック12 言いたいことを我慢していないか？……57
チェック13 コネを毛嫌いしていないか？……59
チェック14 クライアントのニーズを軽視していないか？……61
チェック15 決める前に人の意見を聞いていないか？……67

チェック16 みんなに好かれたがっていないか？……68
チェック17 人の目を無視しすぎていないか？……70
チェック18 質問してバカだと思われるのを恐れていないか？……72
チェック19 男性のようにふるまっていないか？……74
チェック20 必要以上に真実を話そうとしていないか？……76
チェック21 個人的な事情を話しすぎていないか？……80
チェック22 人を怒らせないよう心配しすぎていないか？……82
チェック23 お金の重要性を否定していないか？……85
チェック24 男性の気を引くような態度をとっていないか？……86
チェック25 脅しに屈していないか？……88
チェック26 オフィスをリビングのように飾っていないか？……91
チェック27 机の上にお菓子をおいていないか？……93
チェック28 弱々しい握手をしていないか？……94
チェック29 経済的に不安定ではないか？……96
チェック30 人助けに終始していないか？……98

4章 正しい考え方

チェック31　奇跡を起こそうとしていないか？……103
チェック32　責任をひとりで背負っていないか？……105
チェック33　指示のままに動いていないか？……107
チェック34　男性上司を父親のように見ていないか？……109
チェック35　自分の可能性を限定していないか？……112
チェック36　正当な見返りまで遠慮していないか？……115
チェック37　会議を休んでいないか？……118
チェック38　いつも私生活より仕事を優先していないか？……120
チェック39　人に時間をとられすぎていないか？……122
チェック40　早まって仕事を辞めていないか？……124
チェック41　ネットワークづくりを軽んじていないか？……127
チェック42　特権を辞退していないか？……130

5章 自分の売りこみ方

チェック43 ネガティブな物語をつくりあげていないか？……132
チェック44 常に完璧を目指していないか？……134
チェック45 ウリが曖昧ではないか？……139
チェック46 仕事や地位を卑下していないか？……141
チェック47 愛称やファーストネームで仕事をしていないか？……143
チェック48 認められるのを待っていないか？……144
チェック49 注目される機会を逃していないか？……146
チェック50 謙遜しすぎていないか？……148
チェック51 安全圏内にこもっていないか？……150
チェック52 アイデアを人に譲っていないか？……152
チェック53 〝女性の仕事〟をしていないか？……155
チェック54 人からの評価を無視していないか？……156
チェック55 人目につかないようにしていないか？……158

6章 知的な話し方

チェック56 意見を質問の形で言っていないか？……162
チェック57 いつも〝前置き〟をしていないか？……164
チェック58 長々と説明していないか？……166
チェック59 許可を求めていないか？……168
チェック60 すぐに謝っていないか？……171
チェック61 卑下した言葉を使いすぎていないか？……174
チェック62 曖昧な表現をしていないか？……176
チェック63 ピントのぼやけた返答をしていないか？……178
チェック64 早口で話していないか？……181
チェック65 専門用語に疎くないか？……182
チェック66 「無意味な言葉」を使っていないか？……184
チェック67 気を遣いすぎた言い方をしていないか？……185

7章 自分の見せ方

チェック68 〝サンドイッチ話法〟になっていないか？……187
チェック69 小さい声で話していないか？……190
チェック70 高い声で話していないか？……192
チェック71 留守電にだらだらと話していないか？……194
チェック72 〝間〟をおかずに話していないか？……196
チェック73 意味なく微笑んでいないか？……200
チェック74 空間を小さく使っていないか？……202
チェック75 不自然な身振りをしていないか？……204
チェック76 活気がありすぎたりなさすぎたりしていないか？……206
チェック77 首をかしげていないか？……207
チェック78 メイクが濃すぎるか薄すぎないか？……209
チェック79 仕事に合わない髪型にしていないか？……211
チェック80 場違いな服装をしていないか？……213

8章 対応のしかた

チェック81 奇妙な座り方をしていないか？……215
チェック82 人前で身だしなみを整えていないか？……216
チェック83 会議中、テーブルの下に手をおいていないか？……218
チェック84 首から眼鏡を提げていないか？……219
チェック85 アクセサリーが目立ちすぎていないか？……221
チェック86 視線を逸らしていないか？……223
チェック87 親の期待に影響されすぎていないか？……227
チェック88 ほかの人のほうがわかっていると思っていないか？……230
チェック89 コピーとりやお茶汲みばかりしていないか？……232
チェック90 不手際に対する指摘を遠慮していないか？……234
チェック91 我慢しすぎていないか？……237
チェック92 将来性のない仕事を引き受けていないか？……239
チェック93 自分より人のニーズを優先していないか？……241

チェック94　自分の力を否定していないか？……243
チェック95　スケープゴートにされていないか？……246
チェック96　既成事実を甘受していないか？……249
チェック97　他人のミスのとばっちりを受けていないか？……252
チェック98　発言を躊躇していないか？……254
チェック99　性差別を持ち出していないか？……256
チェック100　セクシャルハラスメントに耐えていないか？……259
チェック101　泣いていないか？……261

付録　ステップアップのための計画を立てる……265
謝辞……274

1章

自分を知るテスト

あなたが仕事をするうえで、いちばん改善すべきなのは、どういうところでしょう？　これからそれを判定して、本書のどこから読めばいいかをお教えします。

まず自己評価から

項目に点数をつける

1番から49番までの項目に、次の基準に従って点をつけ、（　）にそれを記入してください。

あなたはたいていどう行動し、考え、感じるでしょう？　できるだけ正直に答えてください。

●ほとんど当てはまらない……1点
●ときどき当てはまる…………2点
●たいてい当てはまる…………3点

（　）1　結果がよければ、規則を曲げても問題ないと思う。
（　）2　よい関係を築こうと努力したのに嫌われたら、そのときは気にしない。
（　）3　一日の仕事量について現実的な目標を設ける。

（　）4　自分が会社にもたらす価値を、三〇秒以内で説明できる。

（　）5　意見があったら、質問の形にしてほのめかすのではなく、率直に言う。

（　）6　真剣にメッセージを伝えるときは、その場を和らげるために微笑んだりしない。

（　）7　いやがらせをされたら、不快であることをはっきり伝える。

（　）8　他人がおかしたミスの責任は負わない。

（　）9　小さなまちがいは謝罪しない。

（　）10　無理な締め切りを設定されたら、妥当な線にするよう交渉する。

（　）11　とてもうまくやった仕事に気づいてもらえなかったら、自分からアピールする。

（　）12　沈黙を気まずいとは思わない。

（　）13　会議の席では、肘をテーブルにおいて身を乗り出す。

（　）14　自分は隣にいる人と同じくらい賢いと思う。

（　）15　人を気まずくさせたり不愉快にさせることになっても、信念を貫く。

（　）16　職場では個人的な話をあまりしない。

（　）17　物事を始める前に計画を立てる。

（　）18　自分の才能を伸ばせるような、新しい仕事を積極的に探す。

（　）19　歯切れがよくて簡潔な話し方をする。

（　）20 年齢や立場にふさわしい髪型にしている。

（　）21 会議の議事録をとるように頼まれたら、二回目からは断わる。

（　）22 人からの頼みより自分の都合を優先しても、罪悪感を感じない。

（　）23 自分の発言で誰かが怒っても、自分自身への怒りではないと考える。

（　）24 自分が助けたり世話をしたりした人に頼みごとをする。

（　）25 上層部に自分の能力をアピールできるような仕事は買って出る。

（　）26 声が大きくてはっきりしている。

（　）27 アクセサリーは目立ちすぎないように気をつけている。

（　）28 誰かに不当な扱いを受けたら、自分がどう感じたかを相手に伝える。

（　）29 毎日、同僚との雑談の時間を意識的に持っている。

（　）30 自分にそうする価値があると思ったら、きちんと昇給を求める。

（　）31 どれほど忙しくても、自分の能力をアピールできる会合には出席する。

（　）32 少なくとも二カ月に一度は、誰かに自分を評価してもらう。

（　）33 「まあまあ」、「ちょっと」、「みたいな」といった曖昧《あいまい》な言葉は使わない。

（　）34 今している仕事ではなく、やりたい仕事にふさわしい服装をしている。

（　）35 会議では最初のほうに発言する。

（　　）36 相手の話が心から信じられなかったら、質問をして確かめる。

（　　）37 相手が自分に真剣に対応してくれるよう、しっかりとした握手をする。

（　　）38 仕事が入ったからといって、個人的な用事は取り消さない。

（　　）39 自分が発表したのと同じ案を誰かが出したら、自分の発案であることを指摘する。

（　　）40 必要な時間をとって、ゆっくりと話し、自分の意見をきちんと述べる。

（　　）41 人前で口紅を塗ったり髪の毛をとかしたりしない。

（　　）42 自分の権利を上手に主張できる。

（　　）43 適切だと判断できる経費については、いちいち許可をとらない。

（　　）44 仕事場はきれいに整頓されている。

（　　）45 自分の仕事時間を、人に無駄に使わせない。

（　　）46 仕事がうまくいったと認められたら、それを上司に知らせる。

（　　）47 ＲＯＩが投資資本利益率の略であると知っている。

（　　）48 初対面の相手の目はまっすぐに見る。

（　　）49 自分は仕事をうまくやっていると言える。

自己評価採点表

1 試合の仕方	2 行動の仕方	3 考え方	4 アピール力	5 話し方	6 見せ方	7 対応力	
1	2	3	4	5	6	7	
8	9	10	11	12	13	14	
15	16	17	18	19	20	21	
22	23	24	25	26	27	28	
29	30	31	32	33	34	35	
36	37	38	39	40	41	42	
43	44	45	46	47	48	49	
							合計

自己評価採点表を完成させる

①各項目の点数を上表の空欄に書きこむ。
②縦方向に点を足して、分野別の合計点を出す。
③一番下の段の点数を横方向に足して、総合点を出す。

この表からわかること

●得意分野……いちばん下の段で、得点の上位ふたつに丸をつけてください。それらはあなたが積極的で自信に満ちた態度をとり、うまく行動している分野です。仕事上の目標を達成するために最大の武器となりますから、周囲から抵抗や反対があっても、そのままの言動を続けてください。

●不得意分野……いちばん下の段で、得点の下位ふたつに丸をつけてください。それらは、あなたがステレオタイプの女性的な言動から脱却できていない分野です。すぐに該当する章を読んで、修正方法を学びましょう。

総合点の評価

●49点〜87点……あなたが身につけた、社会的によしとされる行動スタイルが、おそらく仕事上の障害になっています。1点しかつけられなかった項目に注意してください。それらが実行できていないことが、キャリアの妨げになっているかもしれません。
●88点〜127点……改善が必要です。つい〝女の子〟になりがちな分野に注意してください。小さな変化が大きな成果を生むはずです。
●128点〜147点……仕事上の障害になるような行動スタイルからは、みごとに脱却しています。その調子で続ければ、まちがいなく成果が上がるでしょう。

目標は、「大人の女にふさわしい行動」を「自然に」とれること

さて、ここで新しい行動スタイルを身につける助けとなるモデルを紹介しましょう。次の図

無意識に高い能力を発揮するまで

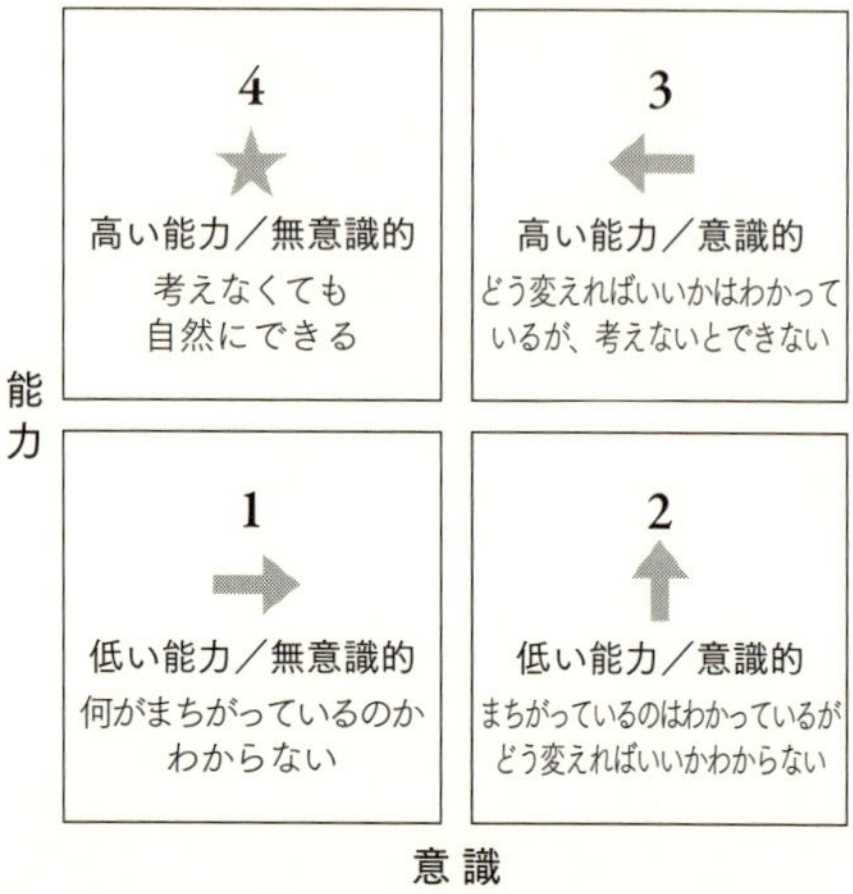
4
高い能力／無意識的
考えなくても
自然にできる
3
高い能力／意識的
どう変えればいいかはわかって
いるが、考えないとできない
能力
1
低い能力／無意識的
何がまちがっているのか
わからない
2
低い能力／意識的
まちがっているのはわかっているが
どう変えればいいかわからない
意識

を見てください。

あなたには、一定の期間内に1番から4番に進む挑戦をしてもらいたいと思います。左下の1番は、まちがった言動をしていることさえ無自覚のまま、能力を発揮できていない状態です。

次は右下の2番です。自己評価テストの結果に沿って本書を読み進めれば、あなたは自滅的な言動を自覚できるようになるでしょう。でも、それを修正する方法はまだわからない。2番はそんな状態です。能力は依然として発揮できていませんが、意識的になっているぶん前進しています。

右上の3番に進むには、本書のアドバイスを実践することが必要です。3番は意識すれば高い能力を発揮できる状態です。ここを経れば、4番まではあと一息です。音楽やスポーツを習った経験がある人ならわかると思いますが、練習を積み重ねていくうちに、最初はできなかったことも当たり前のように、意識しないでできるようになります。そしてついには、無意識のうちに高い能力を発揮する状態、つまり左上の4番に到達します。ここがゴールです。

新しいスキルを身につけようとすると、しばらくはどうしてもぎこちなくなります。が、最終的には、いちいち考えなくてもできるようになります。そこまで到達できない課題もあるかもしれませんが、それはそれでいいのです。大事なのは自覚すること、そして意識的に行動することです。

心を軽くして、始めよう

新しいことを学ぶときには、不安と困惑がつきものです。また、必要なものや、本来与えられるべきものを手に入れようとすると、抵抗されることもあります。そんなときのために、ここであなたに四つのアドバイスをしておきましょう。
●「私は少女から大人の女性に変貌するのだ」という覚悟をすること。これは簡単なようでいて、実は難しいものです。でも、よりよい仕事をして正当な評価を得るためには、どうしても避けられない関門です。ぜひ、強い気持ちで臨んでください。
●理想の自分を思い描くこと。憧れていたとおりの自分になった姿を想像しましょう。憧れの自分にふさわしい態度は？　行動は？　スタイルは？　その答えのままに実行するのです。
●自分を「アクリルガラスでおおう」こと。そうすれば、周囲の出来事が見える一方、他人の否定的意見からは身を守れます。わたしのクライアントも、半信半疑でこれを試したところ、うまくいきました。窮地に立たされたとき、アクリルガラスの球体の中にいる自分を想像すれば、他人の非難の声に屈せず、自分の考えを主張できます。
●完璧は目指さないこと。わたし自身、本書で推奨する言動のすべてができているわけではありません。白状すれば、性に合わないので試みさえしていないものもありますし、一生懸命努力してもうまくできないものもあります。重要なのは、いくつかを完全に自分のものにすることです。残りはそれなりでよしとしましょう。

それでは、いよいよ、自己評価テストで点が低かったふたつの分野に関する章から読みはじめてください。そこには、今のあなたにいちばん必要なアドバイスが待っています。すべての言動を改善する必要はありません。自分にとって役立ちそうなものや、やってみようと思ったアドバイスだけ、チェック欄に印をつければいいのです。ただし、難しそうだからという理由で避けるのはやめましょう。おそらくそれこそが、あなたの変化の大きなきっかけとなるはずだからです。苦手な分野の章を読み終えたら、ほかの章も読んでみましょう。

巻末には、付録としてステップアップのための計画表の立て方を記しました。この本を読み終えたら、すぐにこの計画表づくりに着手することをお勧めします。前進を続けるためにも、進み具合を知るためにも、きっと役立つはずです。

さて、あとはあなたしだいです。すばらしい結果になることを祈っています！

2章

試合の進め方

多くの女性はビジネスシーンで、〝コートのラインぎりぎりをねらって勝ちにいく〟というスポーツの試合のようなやり方に慣れていません。それどころか、仕事上の駆け引きは見苦しいもの、できるだけ避けるべきものだと考えがちです。

しかし、ここで断言しておきましょう。ビジネスは試合であり、あなたはその試合に勝つことができます。なぜか？　女性は元来、ビジネスで勝てるように生まれついているからです。わたしは男性相手のコーチングではいつも、〝もっと女性のようになれ〟と指導しています。もちろん、そんな言い方ではなく、人の話に耳を傾け、協力し合い、相手の人間的な面に目を向けなさいと説くのですが、これらはまさしく、女性が得意とするものです。

とはいえ、暗黙のうちに決められているラインを察知し、言葉にされないルールを理解することにかけては、概して男性のほうが長けています。そこでこの章では、多くの女性が苦手とするこうしたふるまいをチェックしていきます。苦手なのは、成長過程で教えられた価値観に反するからですが、難しいからといって避けてはいけません。勝負なくして勝利なし、です。

チェック1
試合ではないふりをしていないか？

職場は試合の場です。そこにはルールとラインがあり、勝者と敗者がいます。女性は仕事に対して、親睦をはかるピクニックや慈善事業のイベントででもあるかのような態度をとりがちですが、その結果、敗者になってしまいます。ビジネスは相手を負かすことが目的ではありません。でも、競争はあります。そうである以上、しっかりルールを理解して、自分の望む方向にことが運ぶように考え、行動するのは当然です。

バーバラは、試合を理解していなかった女性のひとりです。長年、銀行のマーケティング担当者として働いていましたが、その優秀なキャリアを見こまれ、数社からヘッドハンティングの誘いがありました。そしてついに、化学薬品会社の副社長に迎えられました。

ところが、金融業界でうまくいっていたことが、新しい会社ではことごとく裏目に出てしまいました。たとえば、礼儀正しくゆったりとした態度は、今では優柔不断だと見られてしまいます。そこで、わたしのコーチングを受けることになりました。本人は気づいていませんでしたが、うまくいかない原因は、彼女が新しい試合の始まったことを理解せず、古いルールのまま仕事に臨んでいたことにありました。

繰り返しますが、ビジネスは試合です。そして、そのルールは組織や部署によって変わります。ある上司には通ったことが、次の上司には通用しないかもしれません。それでも試合に勝つためには、ボールから目を離さないことです。

あなたへのアドバイス

●ボードゲームを学ぼう。戦略的な考え方を身につけるのに、いい訓練になる。
●あなたの職場のルールを一覧にしてみよう。それらはいちいち言葉にはされないが、その組織でうまくやっていくために期待される言動のはず。暗黙のルールとは、たとえば次のようなもの。「上司には逆らわない」、「全員が少なくとも週一〇時間の時間外勤務をする」、「主張の正しさより礼儀正しさのほうが重要」、「どんな状況でも締め切りは守る」、「予算厳守」、「顧客第一」。すべてを改めるのは無理でも、社内の動きをこれまでとちがう目で観察する必要があるかもしれない。自分の普段の言動と期待されている言動を比べてみよう。
●パット・ハイム著『会社のルール』（ディスカヴァー・トゥエンティワン）を読んでみよう。男性のビジネス文化を理解し、そのなかでしなやかに生きていくのに役立つ。相手に不快感を与えずに毅然とした態度をとる方法、上手に自分をアピールする方法、自信がなくてもあるように見せる方法などがわかる。
●メンター（助言者）を見つけよう。駆け引きのしかたや、あなたの組織のルールについて話し合えるような相手がいい。
●積極的にスポーツを楽しもう。テニスでもソフトボールでもゴルフでもかまわない。

試合運びが学べるだろう。

実践する□

安全な試合ばかりしていないか？

チェック2

わたしはテニスが好きですが、選手としては平凡でした。アウトになるのを恐れて、ボールを安全圏にばかり返していたからです。でもやがて、それでは勝てないと気づきました。勝ちたかったら、ラインぎりぎりにボールを打つすべを学ばなければなりません。それがわかってからは、前より勝てるようになりました。
あるクライアントは、管理職に昇進してから〝革新性に乏しい〟と批判されるようになりました。彼女は「頼まれるまでもなく、やるべきことをやっている」とわたしに説明しましたが、やるべきことをやるというのは想定内であって、革新的ではありません。経営陣は、あらたな地位についた彼女が独自の裁量で仕事を進めるものと期待していたのに、当人は職権濫用を恐れ、重要な決定のたびに上司の承認を仰いでいたのでした。

そこで、わたしは彼女に、テニスの試合を引き合いに出しました。彼女がテニス経験者だと知っていたからです。彼女はすぐに、「たしかに、わたしはコートの全面を有効に使っていなかったわね」と理解してくれました。アウトになるのを恐れて、経営陣に受け入れられる範囲を想定し、そのなかでだけ動いていた、と。リスクを負ってでも、求められている以上の仕事をしてほしいと考える上司が不満に思うのも当然でした。

これと同じことは、多くの職場で頻繁に見られます。女性はつい安全策をとってしまいがちです。ルールを厳守し、他人もそうすることを期待します。ルールで禁じられていることは、けっしてしません。しかし、いつもルールを最優先にしていたのでは、卓越した仕事はできません。仕事には柔軟性が欠かせないのです。

このクライアントはその後、わたしの指導のもとに上司と話し合い、自分の職権の範囲を確認しました。おかげで、以前より楽な気持ちでリスクを負えるようになったといいます。上司からも数週間後、彼女が主導権を発揮しはじめ、いい仕事をしていると報告がありました。

あなたへのアドバイス

●ラインぎりぎりを果敢にねらおう。
●あなたが厳守しているルールをふたつ挙げよう。ほかの人が、それらを破っているのを見たことはある？　あれば、その人はどうなった？　もし何も問題がなかったのなら、ルールの解釈を広げ、行動範囲を広げたほうがいい。
●正しいかどうかわからなかったら、とにかくやってみよう。倫理に適《かな》っているかどうか迷ったら、率直にたずねよう。
●注意されても、あなた個人に対する非難と受け取らないこと。安全策に後戻りしないように。「これはラインぎりぎりの場所を確認し、大胆なプレーの仕方を学ぶいいチャンスなんだ」ととらえよう。

実践する□

チェック3
必死に働きすぎていないか？

「女性は男性の二倍働いて、ようやく男性の半分の価値を認められる」と言われます。そのせいか、女性はアリのように働きます。でも、しゃにむに働けば出世するというのは作り話です。単に必死に働いただけで昇進する人などいません。好感を持たれ、戦略的な考え方ができ、情報網を持ち、うまく共同作業ができる、といった他の要素がそろって初めて、実り多いキャリアを築けるのです。

ある女性が、同僚の男性たちのことで不平をもらしました。アメリカン・フットボールのシーズンになると、彼らは毎週月曜日の朝、始業から三〇分ほど、前日の試合について上司と熱く語り合うというのです。「まったく時間の無駄だわ。こっちはせっせと働いているのに、アメフトの話なんかして」と彼女は嘆きました。さらに腹立たしいことに、重要な仕事の担当に選ばれたのは、その男性たちでした。

でも、腹を立てるのは筋違いです。彼女が浪費と見なしていた時間に、男性たちは仕事に役立つ人間関係を築いていたのですから。彼らは上司との絆をつくり、チームのメンバーとして認められていたからこそ、ビジネス拡大のチャンスがおとずれたときに選ばれたのです。

人は、勤勉なだけで雇用されたり昇進したりはしません。それは、意思決定者がその人の性格を知り、仕事上の能力ばかりでなく、コミュニケーション能力も認めたときに実現するのです。これこそ、ビジネスの秘訣です。

あなたへのアドバイス

●少しの時間を〝浪費〟する余裕を持とう。一日の就業時間の五パーセントは、人間関係を築くのに使ってみよう。
●就業時間を決めたら、それを守ること。「仕事は使える時間いっぱいに伸びる」という法則がある。もし、あなたがいつでも職場に最後までいるとしたら、何かがまちがっている。
●仕事を始めるときに、その日のうちに済ませることを決めよう。意識的に計画を立てれば、手元に来る仕事を見境なく背負いこんだりしなくなる。

実践する □

人の仕事までしていないか？

チェック4

仕事には、質の高い製品やサービスを提供する責任がともないますが、それはあなただけの責任ではありません。女性には、「だって、わたしがやらなかったら誰もやらないから」と考える厄介な癖があります。その挙げ句、あれもこれも自分でやってしまうのです。

しかし、あなたがせっせと下働きまで引き受けているあいだに、他の男性は着々とキャリアを築いているかもしれません。昇進は、成し遂げられた仕事の結果に対する報酬です。ただやみくもに働いても評価されることはまずありません。世の中には二種類の人間がいると言います。実務主義者とキャリア主義者です。実務主義者はとにかく忙しく仕事をします。キャリア主義者はキャリアの管理にばかり時間を割きます。本当に必要なのはどっち？　両方です。

あなたへのアドバイス

- 目立たない、それほど重要でない仕事まで、次々と買って出るのはやめよう。
- あなたに仕事を押しつけようとする人には注意すること。「手伝ってあげたいけど、わたしも今は手一杯だからごめんなさい」とはっきり断わる練習をしよう。それは彼らの問題であって、あなたの問題ではないのだから。
- もしあなたがマネジャーなら、部下の仕事を肩代わりしないように。「こんな仕事は無理です」とか、「時間が足りません」と言われると、つい自分でやってしまったほうが早いと思いがちだが、それはまちがい。あなたの役割は指導すること。同僚に支援を求める方法など、適切な助言をしよう。
- 断わることにどうしても罪悪感があるなら、心の中で、「後ろめたく思う必要はまったくない」と自分に言い聞かせてみよう。

休憩せずに働いていないか？

チェック5

「何かを完遂させたいなら女性にさせろ」という諺《ことわざ》があります。これは真実です。女性は目標実現のために身を粉にして働きます。でも、休憩せずに働くのは感心しません。体に悪いばかりでなく、仕事の効率も下げるからです。生産性の専門家によれば、集中力と正確さを保つには、九〇分ごとの休憩が必要だといいます。

休みをとらずに働いていると、周囲の人に、慌てているとか効率が悪いという印象を与えることにもなります。ある男性幹部は、女性副社長の報告を聞くたびに「居心地が悪くなる」と言いました。彼女がいつも働きづめで、それが途方に暮れているように見えるからだそうです。余裕のない印象を与えていると、実力を示せるような仕事のチャンスも、みすみす逃がすことになりかねません。

あなたへのアドバイス

●少なくとも九〇分ごとに、机から離れてひと息入れる習慣をつけよう。
●週に一回以上、ランチ・ミーティングの予定を入れよう。
●一日のうち何度か、仲間のデスクに立ち寄って数分間おしゃべりしてみよう。また、誰かがあなたのデスクに立ち寄ったら、仕事の手をとめて相手を招き入れよう。
●パソコンや携帯電話のアラーム機能を使って、アラームが鳴ったら休憩するようにしよう。
●昼休みを有効利用しよう。自己啓発になる活動をしてもいいし、終業後すぐ帰宅できるよう、買い物をしてしまうのでもいい。散歩をして、午後の仕事のために気分転換をはかるのもいいだろう。
●もし、「そんなことをしている時間なんてない!」と思ったら、あなたは仕事のしすぎかもしれない。本当に自由に動けないかどうか、自分に問い直してみよう。

実践する □

チェック6

人を信じすぎていないか？

だまされやすいとは言わないまでも、女性が人の言葉を額面どおりに受け取りがちなのは確かです。女性は概して、相手の話の信憑性《しんぴょうせい》を追求しません。理由は、その人の気分を害したくないからだったり、相手のいい面だけを見たいと思うからだったりしますが、いずれにしろ、人の観察を怠って仕事そのものしか見ていないと、大切な事実を見逃しかねません。

リザは、そのせいで苦境に立たされることになりました。彼女は有名な非営利団体の開発ディレクターで、担当部署も有能でチームワークがよく、リザが指揮をしていたあいだは毎年、目標額以上の資金を調達していました。そこにアダムがやってきました。アダムは理事会メンバーの息子でした。彼を雇うのには反対の声もありましたが、リザはルールを定め、充分にコミュニケーションをとれば問題ないと言って、彼を受け入れました。

ところが、数カ月のうちにチームの足並みが乱れはじめました。士気は落ち、月間目標額も達成できなくなったのです。職員の何人かがリザに、アダムが陰で彼女の悪口を言い、嘘の話を広めていると教えました。ほどなく、リザは上司に呼び出されました。彼女は、チームを停滞させた無能なリーダーと見なされてしまったのです。

リザはアダムと話し合いましたが無駄でした。彼は、リザの威信を損なうようなことは何もしていないと言い張りました。リザはその言葉を信じたいと思い、アダムへの期待を繰り返し伝えましたが、問題は悪化するばかりでした。ついには、理事会も問題にしはじめました。結局リザは、この組織を去りました。幸い、その後よい転職先を得ましたが、アダムが来る前までは考えもしなかった展開でした。

このように、あまりにも信じやすい態度は、足元をすくわれることになりかねません。その態度が、状況を適切に読んでいないか、経験から学んでいないかの証拠だと思われるのです。

あなたへのアドバイス

- 納得できないことが生じたら説明を求めよう。しっかり説明しない人は疑っていい。
- 人の行動の動機を推測する習慣をつけよう。
- 大きな決定をするときは、ひとりの意見だけに頼らないこと。複数の信頼できる情報源から意見を求めよう。
- もし、その場にいるあなた以外の全員が「できない」と考えているのに、「それでも、なんとかできる」と思ったら、考えが甘いという危機感を持ったほうがいい。
●直感を信じよう。もしそれがアヒルみたいに見えて、アヒルみたいに鳴いて、アヒルみたいに歩いたら、それはアヒルだ。

実践する□

経費を切り詰めすぎていないか？ チェック7

女性は、職場で不便を我慢したり、ちょっとしたものも買わずに済ませたりしがちです。たとえ正当な経費でも、少しでも無駄に使うまいとします。なかにはそれを自慢する人もいますが、残念ながら、たいていの場合、節約した額は会社にとっては微々たるものに過ぎません。

こんな例があります。ある女性幹部が出張から帰る際、飛行機に遅れが出ました。予定では、帰りは空港から電車に乗り、自宅の最寄り駅で夫に車で拾ってもらうことになっていました。でも飛行機が遅れたため、最終電車に間に合わなくなりました。すると彼女は、どうすれば家までいちばん安く帰れるかを必死に考えました。タクシー代を節約するために、午前二時に夫に空港まで迎えにきてもらうことさえ考えました。とうてい賢い判断とは言えません。男性ならば、たとえいくらかかろうと、迷わずタクシーを使うでしょう。

あなたは、少しのお金を倹約するために、大事な時間とエネルギーを浪費していませんか？

もしそうなら、トップレベルの仕事をする資格はありません。会社にとって本当に貴重な財産は、お金ではなく、あなた自身です。ものごとの軽重をわきまえる人間になりましょう。

あなたへのアドバイス

- 支出について考えるときは、広い視野で、その出費が全体としてどれほど問題になるかを考えよう。
- 予算があるなら使えばいい。小さな倹約に躍起になるより、社員のためにちょっとしたお金を使うことの効用を考えよう。たとえば、ランチをおごったり、入院中の社員に花束を贈ったりすれば、経費にそれほど負担をかけないで、厚意や忠誠などが得られるだろう。
- 指示されてもいないのに、いちいち経費を使う許可を求めないこと。何か問題があれば注意されるはず。もし注意があっても、謝るのではなく、その注意に対する理解を示したうえで、出費に関する権限について確認をしよう。

●「このお金を使っていいものかどうかわからない」という疑問が浮かんだら、「使わなかった場合、代わりにどれほどの代価（時間、物資、金など）を支払うことになるだろう？」と問い直そう。

実践する □

チェック8
与えられるまで待っていないか？

自分から要求することもせずに、希望が叶わないと不満をもらす女性をよく目にします。「油は軋《きし》む車輪にさされる」という諺があります。自分から求めなければ、欲しいものは手に入りません。ところが女性は往々にして、要求が大きすぎると思われるのを恐れて黙ります。その最たる例が、昇給を求めるときです。このとき女性たちは、まちがったことをしているとか、図々しい要求をしているといった気持ちになりがちです。

人事管理の分野で何年も働いてきたわたしは、自分のニーズを満たすばかりで、女性の権利を少しも認めたがらない男性を何人も見てきました。アメリカの平均的な女性は、同じ地位の男性よりも二八パーセントも収入が少ないのをご存じですか？　アフリカ系やラテン系の女性ならもっと厳しくなります。この矛盾は差別によるものですが、権利を奪われた人たちが要求をなかなか口にしないのも理由のひとつです。

かつて、ある女性から、「新たにできた部署に異動した全員が特別賞与を受け取ったのに、わたしだけがもらっていないんです」と相談されたことがあります。理解できない状況に陥った人がよくするように、彼女は頭の中で、自分が評価されていないからだとか、存在感がないからだなどと、勝手な理由をつけて悩んでいました。眠れないほど気になる、でも波風を立てたくはない――彼女はそう言いました。

そこで、わたしはその女性と一緒に、人事担当者にどんなことを訊いたらいいかを書き出してみました。彼女は、自分に特別賞与を受ける権利があるかどうか確認してみると言いました。手に入れる権利があって当然だとは思わない、これは典型的な〝女の子〟の言動です。これに対してわたしは、特別賞与を受ける権利があるのを前提として、なぜそれを受け取れないのかを訊くべきだと助言しました。担当者の部屋へ入っていって、「過去二回の給与支払い小切手に特別賞与が入っていなかったのですが、いつ受け取れるでしょうか」と訊くべきだ、と。

彼女はそれを実行しました。すると驚いたことに、人事担当者の過失が原因だったことが判明しました。異動した中で、彼女だけが数週間後に勤務評定と年次昇給が予定されていたので、人事担当者は書類仕事をまとめるために、特別賞与をそのときまで延ばすことにした。ところが、異動のせいで彼女の勤務評定が遅れ、特別賞与が忘れられていたのでした。自分から訊かなければ、彼女はこんな軽率なミスのせいで、いつまでも心を乱していたでしょう。
ここでの教訓はふたつあります。第一に、自分に否定的な説明をでっちあげるより、事実をつきとめること。第二に、与えられて当然のものは、待っているのではなく要求するということです。

あなたへのアドバイス

●要求する言葉は前もって準備しておこう。何が欲しいか、どうしてそれが欲しいのかを考えよう。要求するときは率直に語り、正当な理由も述べること（チェック68も参照）。
●希望を既成事実として伝える交渉テクニックを用いよう。たとえば、「来年の研修予算を、一万ドル増額してください」と言う代わりに、「研修予算を一万ドル増額しました。スタッフを増員し、新しい技術を取り入れるためです」と言おう。
●交渉術の講座に参加するか、ティム・ヒンドルの『こうすればうまくいく　ビジネス・ネゴシエーション101の鉄則』（ピアソン・エデュケーション）を読んでみよう。

効果的な交渉術について、貴重な助言をたくさん得られるだろう。
●人から好かれることと、正当なものを手に入れることは、まったく別の問題。きちんと区別しよう。
●要求のタイミングはよく考えよう。たとえば、自宅待機の直後に昇給を求めるのはいい考えではない。重要なプロジェクトの最中に別の部署へ異動を希望するのもよくない。その仕事を辞めたがっていると思われる。タイミングは大切に。

実践する □

チェック9

社内政治を無視していないか？

〝政治〟は、社会的関係の中で互いに影響を及ぼそうとするもので、好むと好まざるとにかかわらず、どんな組織にもつきものです。忌むべき行為ではありません。オフィスでの政治に関わらないのは、試合に参加しないということであり、参加しなければ勝利の日は訪れません。

政治で重要なのは、人間関係と見返りの構造を理解することです。キャリアが築かれるのも壊れるのも、人間関係次第です。しかし、人間関係は必要になってからつくろうとしても間に合いません。日頃からあらゆる人と関係をつくっておくしかありません。

相手が上司であれ同僚であれ、職場での人間関係がうまくいくのは、互いが相手に何を提供し、何を求めるかがはっきりしているときです。親友との関係を考えてみてください。あなたは友人に、相談にのってもらう、どこかに同行してもらう、ラケットボールのチームを組んでもらう、といったさまざまなことを頼んでいませんか？　そして相手がそれに応えてくれれば、今度はあなたも友人の頼みに応じるのでは？　こうしたギブ・アンド・テイクは、いい人間関係に必ず含まれています。

職場でも同じです。誰かに便宜をはかったら、あなたは〝チップ〟を稼いだことになり、今度は自分が必要なものに換えられるのです。

あなたへのアドバイス

●社内の人間関係に臨む心構えは、あらゆる交渉と同じ。相手が何を必要としているか、自分は何を提供しなければならないか、どうしたら双方にとって有益な状況をつくりだせるかを、よく考えよう。
●政治的な見返りとは、何かを与える代わりに何かを得ることをいう。与えるだけでなく、代わりに何が欲しいかを考えよう。チップを使うのを恐れてはいけない。
●長い目で見ると、何かをあきらめることで勝利を手にすることはよくある。何かをあきらめるとき、あなたはのちに使える〝通貨〟を銀行に預けている。
●政治的な問題はむやみに避けないように。そうしないと職場で孤立してしまう。関わるときは、「問題の解決者」となるよう心がけるといい。

実践する □

良心の代弁者になっていないか？

チェック10

企業の不法な財務取引や9・11のテロ攻撃に関連して、良心の代弁者となったために無視され、妨害され、磔《はりつけ》にされた女性たちがいます。

エンロンの元副社長シェロン・ワトキンスもそのひとりです。彼女は会社が崩壊するずっと前に、自社の財務の〝真実〟をケネス・レイ会長に警告していました。しかし、エンロンにとって不運なことに、レイ会長は彼女の警告を気にもかけませんでした。

通信会社ワールドコムの内部監査部にいたシンシア・クーパーは、経営幹部から不適切な財務手続きを見逃すよう言われたとき、取締役会に巨額の金の濫用を報告せざるをえませんでした。これが、名声あるコングロマリットの終わりの始まりでした。シンシアは部外者からは勇気を賞賛されましたが、同僚たちからは責められ、遠ざけられました。

ＦＢＩ職員のコリーン・ローリーは、９・11の攻撃の前にテロリストが活動している証拠があったにもかかわらず、本部が捜査を許可しなかったという事実を暴露しました。そのことで世間からは賞賛され、二〇〇二年にはタイム誌が選ぶ〝今年の顔〟のひとりになりましたが、仲間であるＦＢＩ職員たちからは除け者扱いされました。

もちろん、良心やモラルや倫理に従って行動してはいけないというのではありません。ただ、女性は男性よりも、会社の方針と現実との相違を厳しく指摘する傾向があると言いたいのです（大半の男性は、〝実害がなければ不正ではない〟と言える範囲では、よくも悪くもためらいなくルールを曲げます）。

例を挙げましょう。クローデットは、大手興行会社副社長の上級アシスタントでしたが、その副社長は毎朝、決まって職場に遅れて来ました。そのため彼女は、社長から九時半に電話があるたびに、「副社長は、ただいま打ち合わせ中です」などと言って、ごまかさなければなりませんでした。

また、副社長は毎週提出しなければならない経費報告書のまとめが遅れると、書類の日付を変えました。クローデットは副社長に規則違反を指摘しましたが、副社長はまあまあと彼女をなだめるばかりです。そこで彼女はどうしたか？　人事部に行って事情を訴えました。上司の行為によって、自分の価値観や倫理観を傷つけられているように感じたからです。ところが人事部は、むしろ副社長に理解を示し、彼女にもっと協力的になるべきだと意見しました。

納得のいかないクローデットは、ついに上司を変えてほしいという希望を出しました。人事部は了承しましたが、上司が変わっても事態はあまり変わらないことはわかっていました。副社長がクローデットに求めたことは、社内ではさほど異例ではなかったからです。結局、彼女は人事部で堅物のレッテルを貼られ、将来の昇進や異動には限界があると判断されてしまいました。

この話のポイントは、些細な規則違反を指摘するさいには、その結果として何が起こるかをよく考えなければならない、ということです。シェロン・ワトキンス、シンシア・クーパー、コリーン・ローリーは、自分の良心に従って行動しました。それは賞賛に値します。しかしそのことで、彼女たちは大きな代償を被りました。すべて覚悟の上ならかまいませんが、そうでなければ、職場の現実をもっと理解するべきです。

あなたへのアドバイス

●職場は演壇ではない。主義主張を述べるだけの場にしないこと。
●「よいこと」と「正しいこと」は必ずしも同じではない。問題を指摘するのはかまわないが、よほど特別な状況でないかぎり、あなたの得にならないことは覚悟しておくこと。
●闘いを挑むのは慎重に考えてからにしよう。それはあなたにとって、あえて良心の代弁者となるに足るほどのことかどうかを自問すること。危険をおかすに足るときでも、熟考したうえで行動しよう。

実践する □

チェック11 愚かな人をかばっていないか？

女性は、他人の気分を害すまいとする習癖から、愚かな人たちに必要以上に時間を割き、その人のミスの責任を肩代わりし、かばいます。こと愚かな人に関しては、男性のほうがはるかに優れた探知機を持ち、かなり遠くからでもその匂いを察知して避けるようです。

グレタは、愚かな人を守る女性の典型です。ウォール街で法規担当スペシャリストとして働く彼女は、取引が確実に法に則《のっと》り、会社のガイドラインの範囲内であるようにするのが仕事です。上司は、はっきり言って愚かな人です。彼は法規のことなど何も知らないくせに、グレタの仕事に口を出し、会社に大きな不利益をもたらしかねない誤った指示をしばしば出します。グレタはそのたびにまちがいを正そうとしますが、彼は自分の言うとおりにしろと言い張る始末です。

あるときグレタは副社長から、最近の取引でなぜこれほど多くのミスが出ているのかと訊かれました。でも彼女は、上司の指示に従ったからだとは言いませんでした。そしてどうなったでしょう？　彼女の勤務評定は下がり、給与も削減されました。上司を守ろうとして、とばっちりを受けただけではありません。グレタは結果的に、会社にも危険をもたらしたのです。

あなたへのアドバイス

●直感を信じよう。誰かのことを愚かだと思ったら、それはたぶん正しい。
●愚かな人とは距離をおこう。妙に関わって罪をかぶったりしないこと。
●丁寧に、しかし断固として、愚かな人は遠ざけよう（これについてはチェック90でも詳述)。
●愚かな人のしたことであなたが責められたら、迷わず真相を話そう(グレタもそうするべきだった)。「あなたが怒っているのももっともです。○○さんと話し合って、なぜ彼がそうしたのか訊いてみたらどうですか?」というように。
●あなたの上司が愚かだったら、ほかの仕事を探したほうがいい。上司を変えようとするのは時間の無駄だし、雇い主は上司の言動まで変えてはくれない。上司が変わるのを望むのはやめて、自分のニーズを優先しよう。

実践する□

チェック12

言いたいことを我慢していないか?

でしゃばりだとか押しが強いと思われるのを恐れて、女性はしばしば、言うべきことを言わずに済ませようとします。でも、自分が言わなかったのと同じ考えを男性の同僚が発言して、賞賛され、複雑な気持ちになったことはありませんか? 口を閉ざしていると欲求不満になりますし、周囲からも自分の考えを表明できない人間に見られてしまいます。

マリリンは、ひょんなことから〝悪口屋〟と評判の同僚からのメール攻撃に巻きこまれました。この同僚は他人の欠点を指摘するばかりで、自分はいっさい建設的なことをしません。マリリンは彼に責められないように気をつけていましたが、ついに矛先が回ってきたのです。わたしは彼女に、「『人を責めるばかりでは意味がない、問題の解決法を考えるべきだ』と言ったらどう?」と提案しましたが、彼女は火に油を注ぐような真似はしたくないと答えました。

そこで今度は、次に彼が誰かを責めはじめたら、問題解決の方向に会話を誘導するよう助言しました。たとえば、「責め合ってもどうにもならないわ。それよりも、ふたつの部署のあいだの連絡方法を改善する策を話し合いましょうよ」というように、中立的な意見を言ってみてはどうか、と。

あなたもそうするべきです。もし相手が、「責めてるわけじゃない。問題の原因を探ってるだけだ」などと反論してきても、「いずれにしても、もう原因より解決方法を考える段階だと思う」と言えるようになりましょう。

あなたへのアドバイス

●対立的にならずに反対意見を述べよう。まずは相手の発言を確認し、そのうえで意見を言えばいい。たとえば、「わたしの解釈が正しければ、あなたは彼を担当にするべきだと考えているようですが、わたしとしては、もっと適任なスタッフを検討するべきだと思います」というように。自分の意見を補強する理由を二、三用意しておくとよい。
●会議では積極的に発言しよう。少なくとも一回は意見を言おう。回を重ねるごとに容易になるはず。
●押しが強すぎたと感じたら、意見を述べたあとに質問をつけ加えるといい。「わたしはこう思いますが、ほかの方たちはどう思われますか？」のように。

実践する □

チェック13
コネを毛嫌いしていないか？

自著の企画を出版社に売りこむのに苦労していた女性コンサルタントと、話をしていたときのことです。ある編集者の興味を引くにはどうすればいいかという話題になると、彼女が、実は自分の父親はある分野で国際的に活躍していて、その編集者と親しいと言いました。そこでわたしが、どうしてそのことを編集者に話さないのかとたずねたところ、彼女は、父親の名前に頼りたくないと答えました。

大半の男性はチャンスをつかむのにコネを使っても、それを悪いこととは思いません。そもそも、そのために人間関係を築くのですから！　あなたもコネがあるなら生かすべきです。

有名人と親しげにして恩恵にあずかろうとするのと、コネを生かしてチャンスをつかむのとはちがいます。自動車の販売からコンサルタント業まで、ものをいうのは人間関係です。わたしたちは、自分が好意を持つ人と仕事をし、その人の判断を信用します。コネを生かすのは〝関係の悪用〟ではなく、〝提携による成功〟です。ネットワークの中の人と人を繋ぐのを躊躇してはいけません。

あなたへのアドバイス

●誰かとつながりを持ちたいときは、友人や知人の名前を使う許可を本人から得よう。たとえば、「昔、エレン・トレスの話をしていたよね。今度、彼女と会う予定なんだけど、あなたと知り合いだって話してもいい？」というように。
●紹介を頼もう。会合やパーティーで知り合いになりたい人がいたら、主催者に紹介を頼んでみよう。
●共通の興味やニーズを持っている人どうしを紹介しよう。お返しに同様のことをしてもらえるはず。
●推薦を頼もう。求職中なら、知人に推薦者を紹介してもらったり、電話をするさいに名前を出してもいいかとたずねてみよう。

実践する□

チェック14 クライアントのニーズを軽視していないか？

政治家が有権者のニーズを理解しなければならないように、仕事ではクライアントのニーズを理解しなければなりません。しかし、この点で多くの女性は、相手のニーズを知っているつもりになって、確認の質問をしないというミスをおかしがちです。

エンジニアリング会社で技術コンサルタントを務めるマージは、とても頭が切れる女性です。自分の仕事をよく承知していて、ほかのコンサルタントが相談に来るほどです。しかしその彼女が数年前、仕事に行き詰まりを感じました。せっかく新規のクライアントを得ても、相手先との関係がことごとく続かなかったからです。

そこでマージは、クライアントの会社に勤める親しい男性に、自分の仕事ぶりをどう思うか率直に聞いてみることにしました。すると彼は、「会社はきみの仕事を高く評価している半面、やり方が少々強引だと思っている」と答えました。

マージはショックを受けました。自分では常にクライアントの利益を最優先しているつもりでしたが、実際は、クライアントのニーズや要望に充分耳を傾けない傾向があり、そのせいで強情で一緒に働きづらい相手だと思われていたのです。

しかし、すばらしいことにマージは、この耳の痛い意見をありがたく受け入れました。彼の会社がそのように感じているなら、ほかも同様のはずだ、多くの会社が自分に不満を感じていたからこそ、関係継続を拒否されたのだ、と。まさにこれこそが、ビジネスが広がらない本当の理由でした。

その後、彼女はちょっとした工夫で状況を変えていきました。まず、クライアントの希望を聞くことに集中しました。自分の意見や提案を伝えたあとも、もう一度相手の意見を聞きました。相手から彼女の考えを疑う声があがっても、クライアントの無知のせいだと考えて自分の案を押しつけたりせず、代わりに、さらに相手の疑問を引き出すようにしました。反対意見の多くがコミュニケーション不足から生じていたこともわかったので、根気よく話し合いを重ねて溝を埋めていきました。彼女の案には賛成でも、別のやり方を望んでいる場合には、調整によってうまくまとめていきました。
ここでの教訓はふたつあります。第一に、物事の進め方はひとつではないということ。第二に、自分自身の有能さに足をすくわれてはいけないということです。

あなたへのアドバイス

●意図や方法にこだわるのではなく、正しい結果を導くことにこだわろう。新しい情報に基づいて考えを変えるのは、弱さの表われではない。
●クライアントのニーズを常に意識しよう。チェック9を読み、人間関係と見返りの構造を理解しよう。
●クライアントのニーズと周囲の意見は別物だと心得ること。クライアントのニーズは参考にすべきだが、周囲の意見は、自分で決断できないときに頼りがちになるので要注意（詳しくは、チェック15を参照）。
●反対意見を押しのけてでも売りこみたくなる衝動は抑えよう。そんなことをすればウィン・ウィンの関係から遠のき、ますます意見の対立が深まる。常に冷静に、一歩引いて意見を聞くようにしよう。

実践する □

3章

行動のしかた

『お気に召すまま』で、ウィリアム・シェイクスピアはこう書いています。

この世はすべてひとつの舞台、男も女もみな役者に過ぎない
それぞれが登場しては退場し、一生のうちにいくつもの役を演じる

ビジネスの世界で満足のいく仕事ができるかどうかは、自分の役を知り、それを演じる能力にかかっています。もちろん、詐欺師や嘘つきになれと言っているのではありません。役者が演技力によって評価されるのと同じように、わたしたちは、プロとしての演技力で評価されていることを知るべきだと言いたいのです。
ある意味では、本書の内容はすべて演じ方に関わっているともいえますが、この章ではとくに、本来の能力より劣る印象を与えてしまう、女性ならではの言動について見ていきます。そうした言動が重なると、女性が潜在的に持っている、お人好しな一面や賞賛を求める気持ち、そして自信のなさを強調してしまいます。

チェック15
決める前に人の意見を聞いていないか？

ジェニファーは、ウォートン・スクールのMBAを持ち、フォーチュン五〇〇社に入る石油会社で主任監査員として五年間、キャリアを積んできた才女です。その仕事ぶりは評判で、幹部の椅子に空きができたときも、数少ない候補者の一人になったほどです。

ところがジェニファーには、〝まわりの人たちの意見を聞かないと行動を起こさない〟という定評もありました。すばやく断固とした行動をとれないと見なされた彼女は、それがネックとなって、結局マネジャーへの昇進を見送られてしまいました。

周囲の意見を聞きながら、物事を決定していくのはいいことです。でも、人の考えを確認しないと行動できないのはよくありません。女性は、対立が起こるのを避けようとしてこうなりがちです。あらかじめ承認を得ておけば、あとから批判されることがないというわけです。

でも残念ながら、それでは重要な仕事はまかせてもらえません。あなたがとるべき道は、外部からの情報がないと行動できない人間ではなく、他人の意見には目もくれずに行動する一匹狼でもない、ちょうどその中間です。

あなたへのアドバイス

●なんでも上司の意見を聞くのはやめて、思い切って自分の判断で行動してみよう。小さな、目立たない決定から始めるといい。
●独断で行動することによって失うものは何かを自問しよう。どうしても承認を得たいと思ってしまう心のメカニズムがわかれば、きっと改善できる。
●振り子を逆方向へ揺らしすぎないこと。広い意見や承認を求めるのが適切な場合もある。とくに、大きな出費や損失の可能性がある決定事項での独断は禁物。

実践する □

みんなに好かれたがっていないか？

チェック16

人から好かれるかどうかは、仕事における重要な要素です。それは昇進や降格、雇用や解雇に影響します。ただ、誰からも好かれたがる女の子は問題です。好かれようとすること自体はまちがっていませんが、〝女の子のやり方〟が顔を出すのはいただけません。
なかには、好かれたいという気持ちが強いあまり、それ以外の態度をとれなくなっている人もいます。でも、好かれることと敬意を払われることはちがいます。好かれることばかり気にしていると、敬意を払われなくなります。好かれたいと思うあまり、尊敬される人なら負うはずのリスクを負えないからです。とはいえ、逆に尊敬されることばかり気にしても、周囲の支援を失うでしょう。職場でもっとも成功するのは、好かれ、かつ尊敬もされる人です。

あなたへのアドバイス

●いつでも誰からも好かれたい、という気持ちにとらわれないよう自分に言い聞かせよう。そんなことは不可能なのだから。
●好かれたいと思う理由を自問してみよう。たとえば、「ありのままの自分でいたら、何が心配なのか？」、「幼いころ、なぜ好かれることが重要だと教えられたのか？」など。しっかり自分と向き合えば、好かれたいと思う理由が見えてくる。答えが見つかれば、克服もできる。
●他人のニーズを満たそうとする気持ちと、自分の欲求とのバランスがとれる人間を目指そう。不本意なことにも賛成してしまう前に、相手の気分を害するのは本当にぜったいいけないかどうかを考えてみよう。
●他人が怒ったり苛立ったりするのは、彼らが自分の希望を通したいためであることも多い。騙されないようにしよう。

実践する □

人の目を無視しすぎていないか？

チェック17

これは、好かれようとする態度の逆です。甘く見られるのを恐れて、〝わたしは人気コンテストで優勝しにきたわけじゃないのよ〟といった態度をとるのです。

医療センターの社会福祉事業を監督するドクター・シャロン・マスは、この態度のせいで目標達成が遅れてしまいました。彼女はすばらしい心の持ち主で、みんなのことを本気で気にかけています。そのうえ優秀で、仕事ぶりも最高です。しかし、まわりの人たちはそのことを何ひとつ知りませんでした。みんなはシャロンのことを、完璧主義の厳しいマネジャーで、職員の都合よりも仕事を優先する人間だと思っていました。

その原因はシャロン自身にありました。本来は温かくて思いやりのある人間なのに、そう思われたらなめられるのではないかと恐れるあまり、正反対の態度をとっていたのです。

では、本当はどうするべきだったのでしょう？　マネージングは男性的なスタイルを貫いたとしても、そのほかの面では人間らしい女性的な自分を自然のままに見せればよかったのです。シャロンはそのバランスをもっと学ぶべきでした。

あなたへのアドバイス

●〝親しさは侮蔑を生む〟という考えから自分を解放しよう。あなたがその考えを捨てれば、そうはならない。
●些細な話にも耳を傾けよう。人はみな話を聞いてもらいたがっている。
●ダニエル・ゴールマンの『ビジネスＥＱ　感情コンピテンスを仕事に生かす』（東洋経済新報社）や『ＥＱ　こころの知能指数』（講談社）を読んでみよう。どちらの本も必要とされるスキルを明確に述べ、なぜそれが重要なのか、どうすればそれが身につくかを教えてくれる。とくに後者の本は、成功に必要な要素を包括的に述べているから、職場に適用しやすいだろう。

●人間関係をつくることに、投資を惜しまないように。人間関係は、必要になってから築こうとしても遅いのだから。
実践する□

チェック18

質問してバカだと思われるのを恐れていないか？

いつになったら〝ばかな質問など存在しない〟とわかってもらえるのでしょう？　困ったことに多くの人は、「口を開いてばかだと証明するくらいなら、口を閉じてばかのように見えるほうがまし」という古い諺を信じこんでいます。でも、これには同意できません。確実に理解するために適切な質問をすることは、無知ではなく自信がある証拠です。

なかには、みんなの時間を無駄にしたくないという理由で質問をしない女性もいます。あなたもそうなら、「この答えが知りたいのはわたしだけだろうか？」と自問してみましょう。答えがイエスで、会合のあとで個別に質問するチャンスがあるのなら、あとまで待ちましょう。でも、答えがノーか、そのあと質問をするチャンスがないなら、その場で質問をするべきです。

わたし自身の経験では、何かわからないことがあったときは、たいていほかの人もわかっていません。もちろん、ほかの参加者たちへの気遣いは必要です。あなたがすでにいくつか質問をしていて、みんなが苛立っていたり、会合が延びていたりしたら、その質問がどれほど重要かをよく考える必要があるでしょう。

あなたへのアドバイス

●わからなければ、思い切って質問しよう。訊かないまま、まちがった方向へ進んでしまうよりずっといい。
●同席者を観察していれば、みんなが困惑していたり意味を理解していないかどうかわかるもの。「みなさんも、はっきりわかっていない様子です。例を挙げるか、別の言い方で説明してもらえますか?」のように言って、みんなを助けよう。
●直感を信じよう。何かが明確でないと感じたら、たぶんそれで合っている。
●自分の言葉で言い換えて、理解が正しいかどうかを確認するのもいい。たとえば、「プロジェクトの第一段階を完了するのに六カ月、第二段階に三カ月、第三段階に六カ月あるということでいいですか?」というように。もしまちがっていれば訂正してもらえるし、合っていれば必要な情報を得られたことになる。

●質問をしたあなたをばかにする人がいたら、あなたではなく、その人に問題がある。もし何度もそんな態度をされたら、単刀直入に、質問をしただけでなぜばかにされるのか、理由をたずねよう。

実践する□

チェック19
男性のようにふるまっていないか?

もともと男性的な資質を持つ女性が、自分の個性に従って男性っぽく行動しているのなら、無理なく、うまくいくでしょう。でも、もしあなたがそういうタイプでないにもかかわらず、男性のように演じているなら、その必要はありません。仕事の場で大切なのは、男性のようになることではなく、有能な大人の女性にふさわしいふるまいをすることです。

女性が男性とちがうという事実は、変えるべきでも隠すべきでもありません。今日の職場には、女性的な特質が必要とされています。競い合うより協力する、発言するより聞く、影響力を行使するより人間関係を生かすといった女性が得意とする行動スタイルは、わたしが男性に身につけるようコーチングするものです。とはいえ、バランスは常に重要です。男性的な特質も、女性的な特質も、極端になってはいけません。

注意するべきなのは、「行動規範は企業文化によって異なる」ということです。わたしがコンサルティングを手がけたある会社では、社員は紳士淑女のようにふるまうように、という厳しい規範がありました。わたしはそれを知らないまま、あるときその会社の女性社員にこうアドバイスしました。「意見を真剣に受け止めてほしいなら、もっと大きな声ではっきりと話すべきよ」。すると彼女は、社長は攻撃的な女性を嫌っているから、うちの会社でそんな態度をとったらクビになるだろうと言いました。

この女性は、会社で期待されるものがたまたま本来の性質に合っていたからよかったのです。でも、もし彼女が、けんか腰で発言しなければ耳を貸してもらえないような会社にいたら、たちまちはじき飛ばされていたでしょう。行動スタイルを変えるか、変える必要のない会社を見つけるかの選択を迫られていたはずです。

では、あなたはどうすべきでしょう？　たいていの会社の規範は、これほど極端ではありません。自社の文化に配慮しつつも、自分らしくのびのびとふるまえばいいのです。

―― あなたへのアドバイス ――

●自分の行動スタイルを振り返ってみよう。うまくいっている点は？　支障になっている点は？　どんな言動を補えばよりよくなりそう？　誰かに意見を求めたり、会議やプレゼンの場での自分の姿を録画したり、自己啓発のワークショップに参加したりすれば、さらによくわかるだろう。
●あなたのニーズと会社の規範をすり合わせて、どちらも満たす方法を考えよう。テーブルを叩いて大声で話すのが受け入れられないなら、同じ内容を言い方を変えて繰り返してみる、というように。きっと効果が出る。
●職場の文化的規範に合わせて、自分のスタイルを変えてみよう。期待される言動は、企業によってちがう。ある会社でうまくいったことが別の会社では通用しない、ということはよくある。もし、どうしても合わせられないなら、自分のスタイルに合った環境を探したほうがいい。

実践する □

チェック20
必要以上に真実を話そうとしていないか？

自分について話すとき、女性は男性よりも、悪いことも含めてあらゆる真実を告げる傾向があります。ある調査で、男性と女性に自分自身を描写してもらったところ、男性は自分のことを事実に即して肯定的（少なくとも中立的）な言葉で描写しました。たとえば、ある恰幅のいい年配の男性は、「身長一八〇センチで体重八七キロ、髪は茶色で、髭を生やしています」と言いました。これに対して女性は、もっと卑下した言い方をしがちでした。「髪は白髪が増えてきて、もうすこし痩せたいと思っていて、それほど不細工ではないけれど……」といった具合です。

職場における態度でも同じことが言えます。問題を抱えたプロジェクトについて報告を求められたとき、女性は自分を責めて、反省点を挙げがちですが、男性の多くは自分が責めを負うような話し方はしません。ある男性は、うまくいかなかった方法論を非難されて、こう答えました。「問題は方法論そのものではなく、それが実際のプロセスの基準を反映していなかったことです」。その方法論は誰が立案したのかには、おかまいなしでした。

ゼロックスの会長兼CEOのアン・マルケイヒーは、過去の苦い経験から、真実を無造作に口にするとトラブルにつながることを学んだといいます。この役職についてすぐ、彼女は投資家たちとの会議で、「会社には持続不可能なビジネス・モデルがある」と発言しました。翌日、ゼロックスの株価は二六パーセントも下落しました。当時のマルケイヒーは、会社が赤字なのは周知の事実で、それなら当然ビジネス・モデルに問題があるはずだと考えたのです。

しかしのちに、『『会社はビジネス・モデルに変化を起こす必要があると認識している』と言うべきでした」と語っています。現在の彼女は、率直な態度をとるよう助言はしても、同時に必ず、「ただし、文脈なく使われて誤解を招くような発言は控えること」と念を押すそうです。

着任当初のマルケイヒーは、事実に前向きな解釈を加えて難局を切り抜けるスキルを習得していませんでした。真実を言うのに、自分を責めるのはやめましょう。正直かつ客観的に事実を述べればいいのです。

あなたへのアドバイス

●質問を注意深く聞き、客観的に答えるよう心がけよう。「なぜ計画が予定どおりに終わらなかったのですか?」という質問は、あなたを責めているのではない。計画が予定どおりに終わらなかった理由が求められているのだから、それを提示すればいい。適切で正直な答えとは、たとえばこう。「主な理由はふたつあります。まず、非現実的な期限に間に合わせるのに必要な人員が足りなかったからです。加えて、データを完成するのに必要な情報も、期限の二日前まで手に入りませんでした」
●たとえ失敗の責任があなたにあるとしても、必要以上に強調しないこと。誰でもミスはおかす。そういうときは、過度の謝罪や弁解めいた答えではなく、中立的な答えをしよう。「あなたの言っていることはよくわかります。今後も心に留めておきます」と言える練習をしよう。賛同でも反対でもなく、認識することが大切。
●自らを否定的にばかり語る代わりに、肯定的な視点を取り入れよう。ポイントは、前向きな解釈をすること。次の例文の上段と下段を比べて、自分なりに工夫しよう。

自分に否定的な言い方

たしかに、気をつけていれば予算内に収められたはずでした。

この担当を彼に決める前に、もう少し調べておけばよかったんですが。

わたしがその仕事に適任とは思いません。職務説明書にある資格を全部は持っていませんから。

前向きな解釈をした言い方

予算内には収まりませんでしたが、予定より早く完了できました。

彼はこの仕事に向いていませんでしたが、これで、どんな人材が必要かがよくわかりました。

全部の資格は持っていませんが、わたしは実地の経験が豊富なので、充分に候補者になれると思います。

実践する □

チェック21
個人的な事情を話しすぎていないか？

これは、前項の「真実を話しすぎる」の延長線上にあります。ある女性マネジャーは、自分の部署の女性社員は、男性より個人的な事情を周囲に明かす傾向があり、それが不利な状況を生むことがあると話してくれました。彼女の部署にいたある女性は、業績が落ちていたので話し合いの場を設けたところ、泣き崩れたそうです。母親が重い病気なのに、姉も妹も無責任で、治療方針はすべて自分が決めなければならない、おまけに夫は失業中だ、と複雑な家庭の事情を切々と話したといいます。

こういった事情は仕事に無関係ではありません。しかし、上司が知る必要のある範囲というものがあります。彼女は上司にこんな話し方をしたために、ストレスをうまく管理できない人だという印象を与えてしまいました。そのせいで、ある大きなプロジェクトがもちあがったときも、彼女にはまかせてもらえませんでした。個人的な情報を話すこと自体はまちがいではありません。しかし、配慮を欠いて話しすぎると痛い目にあうでしょう。

あなたへのアドバイス

●職場で個人的な話をするときは、内容と相手をよく選ぼう。
●あなたが管理職なら、さらに慎重に。わたしの経験から得た教訓はこうだ。「従業員にとって親友のような存在であれ。だが、彼らを親友だとは思うな」
●個人的な話をまったくしないのも逆効果。それでは秘密主義で正直でない人に見えてしまう。個人的な話も適度にしよう。人間的な一面を見せることで、良好な人間関係が築ける。
●もし個人的な事情が原因で仕事に影響が出たら、正直に、しかし簡潔に話そう。「今は大変な状況ですが、仕事を大切に思っています。これからはもっと細かいところに気を配るようにします」と言えば充分だろう。

実践する □

チェック22
人を怒らせないよう心配しすぎていないか？

男性の場合、何か問題を提起したり、誰かに反論したりしても、その行為が不適切だと責められることはまずありません。ところが女性が同じことをすると、協調性がないなどと言われて反感を買ったりします。そのため女性は、本当はそう思っていなくても同意して、問題を避けがちですが、それはまちがいです。

正当な主張をしているのに誰かが気分を害したとしたら、その人はあなたの言動が不適切だとほのめかすことで、主張を撤回させようとしているのです。つまりは作戦です。かつてマルクスは、権力と影響力を持つ人間が、社会階級間にある問題を否定し、さらに否定していることを否定するのをさして〝欺瞞《ぎまん》〟と言いました。これを職場にあてはめると、次のようになるでしょうか。

従業員：二年間、昇給がありません。昇給に関してわたしの話を聞いていただけますか。

人事マネジャー：わたしがあなたの福利をおろそかにしていると非難しているんですか？
従業員：いいえ、何も非難してはいません。ただ話をしたいんです。
人事マネジャー：でも、何か問題があると思っているようですね。
従業員：ええ。二年間昇給がないのは問題だと思っています。でも、あなたを責めているわけではありません。
人事マネジャー：わが社には、社員が公正な待遇を受けるためのシステムが確立しています。
従業員：でも、わたしは現に昇給していないのですから、システムは機能していないと思います。あなたの立場からはそれが見えないのかもしれませんが……。
人事マネジャー：ほら、今度はわたしが問題をわかっていないと言い出した。
わかりますか？　こうした回りくどいやりとりになると、問題はいつまでも解決しません。結局、意見を撤回することになり、今後は話題を持ち出すことすらできなくなるでしょう。

あなたへのアドバイス

●簡単にいかない会話をするときには、チェック68で紹介しているモデルを使おう。
●ダグラス・ストーン他著の『話す技術・聞く技術』（日本経済新聞出版社）を読んで

みよう。相手の気分を害するのを恐れて直接対決を避けがちな人には、すばらしい手引きになるはず。言うべきことを言いながら人間関係を壊さない方法が学べる。
●議論を持ち出したり、別の方法を提案するさいには、望むことと望まないことを列挙して述べるのも効果的。たとえばこのように言ってみよう。「あなたの意見を聞いていていなかったと思われるのはつらいです。お話はしっかり聞いていました。わたしはそのうえで、別の見方でお話ししたいのです」
●話そうとする内容が言いにくいものなら、「ちょっと言いづらいのですが、わたしの意見を知ってもらいたいので」というように前もって伝えると、寛容に受け止めてもらいやすい。
●穏やかに意見を言い、それでも相手が気分を害した場合は、意見を撤回しないように。そういうときは、「気分を害されたようですね」などと相手の気持ちを理解したことを伝え、聞く側にまわればいい。そこからさらに話し合いを続けよう。すぐに身を引いて、本当の気持ちを抑圧するのはやめること。

実践する □

チェック23
お金の重要性を否定していないか？

お金は力ですが、たいていの女性は力というものを誤解し、遠ざけようとします。女性に、自分には力があると思うかとたずねると、否定する理由がたいてい五つは返ってきます。お金の話題を口にしたがらず、自分にふさわしい報酬を実際よりも低く考えがちなのも、これが原因です。
わたしは人の役に立つ今の仕事に満足していますが、だからといって不当な報酬でもいいとは思っていません。何かを手に入れたければ、それと向き合うことが必要です。もしあなたが正当な給与や昇給を得ていないなら、そのことをきちんと考えるべきでしょう。そうしたからといって、欲張りなわけでも、はしたないわけでもありません。仕事を大事にするのと同様に、自分や家族の幸福を大事にするのは当然の姿勢です。

―― あなたへのアドバイス ――

●給与額が不当に低いと思ったら、自分の仕事や業界の賃金の幅を調べよう。インターネットや業界団体で調べるのもいいし、ほかの会社に勤めている信用できる友人に訊くのもいい（ただし、彼らの給与そのものをぶしつけに訊かないこと）。
●自分の給与が安すぎるとわかったら、事実を論理的に述べて、昇給を求めよう。話をする前に、友人に相手役になってもらって話し方を練習をしておけば安心。
●お金やキャリアに関する雑誌を定期購読してみよう。
●お金について話すのは下品で失礼だという考えは捨てよう。
●投資にも関心を持ってみよう。

実践する □

チェック24 男性の気を引くような態度をとっていないか？

職場で理想の男性と出会い、恋に落ち、結婚する女性はたくさんいます。それ自体は何も悪いことではありません。けれど、ここには危険もあります。

以前、上司と関係があると周囲から思われている女性をコーチングしたことがあります。実際にどうだったのかはともかく、彼女の上司に対する態度が、みんなにそう思わせていたのです。たとえば、彼の下手な冗談に大げさに笑う、彼のために使い走りをする、会議でほかのみんなは意見がちがうのに彼の味方をする、一週間のうち少なくとも一度は彼をランチに誘う、といった具合です。

たいした問題ではないと思われるかもしれません。職場でパートナーを見つけるなんて、よくあることじゃない、と。そうかもしれません。ただ問題は、オフィスでからかいの対象となり、結果として傷つくのは、たいてい女性のほうだという点です。前述の例では、同僚たちが上司に情報が漏れるのを恐れたため、彼女は噂話の輪からはずされ、参加するべき話し合いにも呼ばれなくなりました。また、同僚から信頼されなくなり、効率よく働けなくなりました。

別の女性は、職場における三六〇度評価［訳注：上司や部下や同僚、あるいは他部署の人など、あらゆる立場の人に評価してもらうこと］で、同僚たちから〝男性の気を引こうとしすぎる〟と思われているのを知りました。自分では心当たりがなくて驚いたようですが、わたしは偶然、上司と昼食をとっているその女性を見かけ、これでは誤解されても無理はないと思いました。彼女は上司の話を聞いているあいだ、微笑みながら小首をかしげていました。一対一でも会議の席でも、彼女はそういう態度をしていたために、媚びていると思われてしまったのです。

あなたへのアドバイス

●同僚の男性と過度に親しげにしないこと。意味ありげに視線を交わしたり、小声で囁《ささや》き合ったり、彼のばかばかしい冗談に大笑いしたりするのは、職場にふさわしい態度ではない。
●同僚と親密な関係になった場合は慎重に。仕事や仕事関係の活動と私生活は分けよう。
●異性との親密な関係は長く秘密にしておけると考えないほうがいい。同僚とデートするのは悪いことではない。正直になろう。
●同僚ではなく上司（あるいは部下）と個人的な関係を持つのは危険。私生活と仕事の両面でのリスクをよく考えて、悔いのない行動をとろう。

実践する □

チェック25 脅しに屈していないか？

仕事中に誰かを脅すような人は、めったにいません。たいていの人は問題が起きても如才ない態度で意見を言い、問題解決に努めます。でも、ときには例外もあります。とくに女性に対しては……。

わたしはかつて会議の席上で、ある副社長から二重請求をしたと激しく怒られたことがあります。その不当な怒りを鎮めるために、わたしは彼の話をよく聞き、言い方を変え、気持ちを推しはかるという、〝難局を和らげるためのテクニック〟を駆使しましたが、それでも効果がありませんでした。そこでついに、「こんな個人攻撃を受けるのは初めてです」と言いました。それを聞いた第三者が割って入って、「ロイス、ちょっと身構えすぎているよ」と言いはじめましたが、わたしは冷静に、「個人攻撃を受ければ身構えます」と言いました。会議のあと、口をはさんだ人物に、もっと別のやり方があったのではないかと言われましたが、「あれは脅しです。わたしは脅しには屈しないと示したまでです」と答えました。

誰かに脅されたとき、考えられる反応は反撃か黙従です。どちらをとってもおそらく力関係は変えられませんが、自分の気持ちを伝えれば、相手の侮蔑的な態度を改めさせる可能性はあります（黙従したら、それはけっして望めません）。それに、たとえ相手の言動が変わらなくても、あなたは不条理には屈しない人なのだと示せますし、あなたの自尊心も保てます。ちなみに、わたしの場合は、副社長にはっきりものを言ったあとで力関係は確実に変化し、最終的には、彼の納得する解決法を見つけることができました。

あなたへのアドバイス

●脅しにかかる相手には、先ほど紹介したように、まずは〝話をよく聞き、言い方を変え、気持ちを推しはかる〟方法を使おう。たいていは、これでうまくいく。
●誰かに威嚇されたときは、黙って言うとおりにしないこと。威嚇は自分の言い分を通そうとする姑息なやり口だから、こういうときはあなたの気持ちを相手に伝えよう。「わたしの話を聞いていませんね」と非難する口調ではなく、「わたしの話を聞いてもらえていないように思えます」と言うのがポイント。人の感情には誰も文句をつけられない。
●相手の話の内容を確認し、どうしたいのかをたずねて、議論を問題解決の方向へ向けよう。「まだ出荷されていないことに怒っていらっしゃるのはごもっともです。できるだけ早くお届けするためにも、何ができるか話し合いをさせてください」のように言おう。
●意味もなく謝らないこと。脅してくる相手に謝っても、火に油を注ぎ、あなたが犠牲者であるという印象を強めるだけだから。

実践する□

チェック26
オフィスをリビングのように飾っていないか？

自宅よりオフィスで過ごす時間のほうが長いからといって、仕事の場をリビングのように飾るべきではありません。

わたしはこれまでに、天井照明を間接照明に変え、カウチとクッションをおき、あちこちに思い出の品を飾っている女性のオフィスをいくつも見てきました。自分のためばかりでなく、そこにやってくる人のためにも、温かくて居心地のいい雰囲気をつくりたいと考える女性心理がそうさせるのでしょうが、これがプラスにはたらくのは稀《まれ》で、あなたにはお勧めしません。こうした雰囲気は、オフィスではなく、カウンセリングにふさわしいものです。

逆の極端な例もあります。医師であるクリスティンのオフィスには、何ひとつ飾られていませんでした。わたしは最初のコーチングのとき、彼女の仕事場が驚くほど殺風景で冷たい雰囲気なのに驚いて、家族の写真や絵を飾って、温かい人間味を加味しなさいと助言しました。

いずれにしても、オフィスはあなたの人となりや価値観を映します。気をつけましょう。

あなたへのアドバイス

●オフィスの装飾は、自分の仕事にふさわしいものにしよう。保守的な仕事なら、趣味のいい控えめな美術品や家具を選ぶべきだし、クリエイティブな仕事なら、もっと冒険的な選択肢があるだろう。
●オフィスはあなた自身を表わしているものと心得ること。普通は、机などの備品は支給されても、それをどう飾るかは個人にまかされる。女性らしさを強調しすぎず、ほどよく個性を感じさせる空間を目指そう。
●最小限の装飾にしたければ、人から見える場所に家族の写真などをおくといい。人間味を感じさせ、会話のきっかけにもなる。わたしの知り合いの女性は、机に飼い犬の写真を飾っている。
●あらためてオフィスを見直してみよう。特別な人物が仕事場に来るとしたら、何を変える？　その理由は？　そこが他人のオフィスだとしたら、どんな形容詞で表現する？　それは望ましい形容詞？
●作業スペースは整理し、きれいにしておくこと。それだけで、物事を掌握しているという印象を与えられる。

実践する□

チェック27 机の上にお菓子をおいていないか？

机の上にクッキーやチョコレートなどをおいておくべきではありません。人にものを食べさせるという行為は、まさしく女性的な特質です。そのうえ、机におかれた食べ物は、立ち止まっておしゃべりしましょうという合図になります（食べるだけでさっさと消える人は、まずいません）。ものを食べさせるという行為と、会話に誘うという要素が組み合わさると、女性的な特質が強調されてしまいます。
もちろん、どんなルールにも例外はあります。ユニバーサルエンターテインメントの研修開発部長であるリーズ・デューイは、ちょっとぶっきらぼうで支配的だったり、人好きのしない社員（とくに男性）には、机の上にキャンディをおくよう助言するそうです。温かい雰囲気をつくり、攻撃的な言動とのバランスをとるためです。

リーズ自身も、自分の机に大きなキャンディ・ボウルをおいています。彼女のオフィスにはしょっちゅう誰かが秘密の話をしにくるので、その人たちを寛《くつろ》がせるためです。

けれどもあなたは、机に食べ物をおかないほうが賢明です。この本で挙げたほかの言動もおかしているようなら、なおさらです。あなたの信頼性を落としているのは、複数の行為の組み合わせであることを忘れてはいけません。

あなたへのアドバイス
●意識的な戦略でないかぎり、職場では人にものを食べさせないこと。
実践する □

チェック28 弱々しい握手をしていないか？

女性は握手をするとき、男みたいだと思われるのを恐れて、力を加減してしまいがちです。

でも、それはちがいます。握手は初めて会った人に与える最初の印象です。握手は、言葉を交わす前に、あなたについて何かを伝えるのです。骨が砕けるほど強くしろとは言いませんが、〝わたしは真剣に相手をするに値する人間ですよ〟というメッセージが伝わるような、力のこもった握手をしましょう。一度しっかり上下させ、目を合わせて簡潔に挨拶をする――これで、うまくいくはずです。

あなたへのアドバイス

●友人か同僚の男女と、握手の練習をしよう。そして、あなたの握り方について意見を聞こう。男性にも女性にもよい印象を与えるまで繰り返すこと。
●場合によっては、誠実さや温かさを伝えたいときもある。そういうときは、握る力を少しゆるめて、左手を相手の右手に添えるといい。
●挨拶の話題になると、ハグは適切かという質問がよく出る。わたしは、相手からしてこないかぎり、ハグはしないほうがいいと思っている。他人の領域を侵すだけでなく、和やかになりすぎるから。

実践する □

チェック29 経済的に不安定ではないか？

自分の銀行口座を持つことは重要です。夫であれ雇用主であれ、誰かに経済的に頼っていては、職業選択の幅が狭まり、あなたの力が弱まります。自分自身の貯金を持たず、将来のために経済的な準備をしていないというのは、自由がないのと同じです。

それに、経済的に不安定だと、キャリアの妨げにもなります。そのせいで、仕事に関して不利な決断をせざるをえない可能性があるからです。たとえば、毎月の給与のために将来性のない仕事に留まったり、引退時期を過ぎても働き続けたりする女性がいます。また、波風を立てて仕事を失うことを恐れて、決断力が鈍る女性もいます。さらに言えば、自分自身の経済面をおろそかにしているために、ビジネスでも経済的な意味を理解できないことも多いのです。あなたはぜひ経済について学び、それをビジネスにまで広げて生かしてください。

今は、経済的な後ろ盾があっても、それを突然失うことが珍しくない時代です。充分な備えができないまま、年齢がいってから仕事を探すとなると、不利になるのはいうまでもありません。

キャリーはそんな経験をしたひとりです。独身の彼女は、ずっと同じ会社で一生懸命働いていましたが、自分の家を持ち、多少の蓄えはあったものの、六十二歳になっても引退できるほどの余裕はありませんでした。

そんなある日、会社が買収されました。彼女の仕事ぶりを買っていたマネジャーたちはみな、特別退職金を手にして会社を離れましたが、彼女自身は高い役職ではなかったため、その恩恵を受けられませんでした。

新しいマネジャーが来ると、彼女のスキルにしては賃金が高すぎると判断されました。それでもキャリーは、諸条件を考えるとそこで働く以外にありませんでした。結局、以前より悪い条件で、やりがいのない仕事をせざるをえなかったのです。

あなたへのアドバイス

- ファイナンシャル・プランナーに相談して、堅実な財務計画を立ててみよう。
- まだ持っていなければ、今すぐ普通預金口座をつくること。金額は少なくてもかまわない。一週間か二週間に一度のペースで、できるかぎり貯金しよう。
- 買い物のお釣りを貯金箱に入れ、いっぱいになったら口座に入れよう。

チェック30 人助けに終始していないか？

クリステンは新任のマネジャーで、自分もチームの一員として動くという方針を誇りに思っていました。そんなある日、グループに分かれて働いているチームメンバーのサポートで動き回っていると、あるグループから、コーヒーを買ってきてほしいと頼まれました。たいした手間ではないと思った彼女は、すぐに買ってきました。すると今度は、コピーをとってほしいと頼まれ、しまいには新しいマジックを持ってきてくれと言われました。

一見、悪いことではないようですが、実はここに、チームメンバーの一部が締め切りを破ったり、彼女への報告を怠ったりする理由があります。彼らはクリステンを同僚と見なしはじめていました。彼女がコーヒーやマジックを取りにいき、コピーをとっているあいだに、別の男性たちがリーダーシップをとっていたのです。

一九八〇年代に「女性はどのようにして知見を高めているか」を調査したさい、多くの女性が、手を貸したり、話を聞いたり、教えたりして人を助けることで、知識や自信を得ていることがわかりました。女性は幼いころに、ほかの人は自分よりも多くのことを知っていると教えられるせいか、知識や自信は誰かから与えられるものだと思いがちです。また、他人を助けることによって自分の価値を確認する傾向も強いようです。多くの女性が人を助ける分野に進むのもそのためでしょう。
それ自体はすばらしいことだと思いますし、わたしはロバート・グリーンリーフの提唱するサーバント・リーダーシップ（奉仕型のリーダーシップ）の信奉者でもあります。しかし、多くの女性は、これを少々極端にとらえすぎています。そのせいで、管理職に昇進したりプロジェクト・チームを率いることになったときに、クリステンと同じ問題に突き当たってしまうのです。実務をおこなう人間とリーダーとでは、役割が違います。現場で動いてばかりいては、全体を視野に入れての構想や助言、技術的な支援を提供することができません。リーダーとして見届けなければならないことも、見逃してしまいます。

あなたへのアドバイス

●〝手を貸す〟と〝使われる〟を区別しよう。真の助けになるのは、相手が仕事を効率よくおこなうのに必要なリソースやサポートを提供すること。もしチームの誰よりも現場実務に奔走《ほんそう》していたら、あなたは使われていると思っていい。
●人の仕事を買って出るのではなく、そのやり方を教える能力を高めよう。最初は時間がかかっても、長い目で見ればそのほうが有益。
●あなたが誰かを助けるのはなぜかを自問しよう。本当に必要だから？ それとも相手に好かれたいから？

実践する □

4章

正しい考え方

ふるまい方を変えるには、考え方を変えなければいけません。多くの人は、何をすると評価され、何をすると不評を買うかについて、自分なりの固定観念を持っています。〝人より一生懸命働けば報われるはずだ〟とか、〝本心を言ったらクビにされる〟といった考えがその例ですが、こうした考えは往々にして親の教えに基づいていて、親の世代にとっては真実でも、今日の社会には通用しないものです。

あるいは、働きはじめたころには機能していても、今のあなたには有効でない考え方もあるでしょう。新人のときに評価されるのは、目の前の仕事をいかにこなすかですが、年月がたって求められるのは、リーダーシップや人間関係に関わるスキルです。ですから本来は、仕事についての考え方は定期的に更新するほうがいいのです。

ところが、コーチングでもっとも難しいのは、新しい言動を試してもらうことです。これは履き古したテニスシューズを捨てて、新しいシューズに履き替えるのと似ています。古いシューズは足に馴染んで履き心地がいい。でも、もう人前で履くわけにはいきません。いつかは思い切って変えなければならないときがくるのです。

ということで、この章では、今や捨て去るべき思いこみに焦点を当ててみましょう。

チェック31 奇跡を起こそうとしていないか？

女性は男性以上に、〝少ないコストで多くのことを成し遂げる〟とか、〝無理な締め切りを守る〟といったことを誇りに思います。そしてまた、そのがんばりを人が認めて評価してくれると信じています。

しかし、現実はそう単純ではありません。彼女たちは肝心なことを見落としています。実際には、奇跡を起こすたびに周囲の期待は高くなる。そればかりか、彼女たちが苦労しているあいだに、同僚の男性はもっと効率よく報われる仕事をしていることも多いのです。

アニタは、広告関連会社から大手コンサルティング会社に転職しました。彼女が有能であることは誰もが認めていたので、すぐに混乱状態にある職場をまかされました。アニタは早朝から深夜まで働きました。週末も返上してようやく問題をつきとめ、改善に乗り出しました。そのほか、会社のどんな要求にも応じました。

ところが翌年になると、何をしてもうまくいかなくなりました。そう、周りの人の期待が日を追って高くなったからです。最初にあまりにも高い基準を設定したために、翌年はそれを超すどころか、維持することも難しくなってしまいました。最初の年に全力を出しきるべきではなかったというわけではありません。いつでも精一杯努力するのは大切なことです。ただ、スーパーウーマンであり続けることはできません。仕事の基本スタンスは、現実的な線におくようにすべきです。

あなたへのアドバイス

●周囲の期待には賢く対処しよう。常に前進しようとするのはいいにしても、非現実的な要求は恐れずに指摘すること。単につけこまれているだけの場合は、それを断わってもキャリアの妨げにはならない。
●一日あるいは一週間の現実的な目標をつくろう。一日が三四時間あるなどと思ってはいけない。最初から午後九時まで働くつもりでいたら、そのとおりになってしまう。午後六時に退社するつもりで臨めば、それなりのスケジュールを組めるようになる。
●人手が足りなかったら、助けを求めるか、締め切りを延ばす交渉をしよう。「五時までに仕上げるには人が足りません。明日ではだめでしょうか」と提案してみよう。

すんなりOKは出ないかもしれないが、申し出る価値は充分にある。

実践する □

チェック32 責任をひとりで背負っていないか？

これは、前項の「奇跡を起こそうとする」の変形です。言うまでもなく、何かのプロジェクトをまかされたからといって、ひとりでやらなければいけないわけではありません。あなたに求められているのは、そのプロジェクトを完遂する責任です。自分ひとりで躍起になって働いても、誰も評価してくれません。うまくチームを機能させて成功に導いてこそ、高い評価が得られるのです。
先日、企業の慈善活動の責任者になった女性をコーチングしました。この会社はこれまで非営利団体に寄付した経験がなかったので、その女性は自分の任務に大きなプレッシャーを感じ、何から始めたらいいか決めかねていました。けれども、じっくり話し合っていくうちに、今日すべてをする必要はないこと、自分ひとりでやる必要もないことに気づいて、落ち着きを取り戻しました。重要なのは、いかにして会社や団体の関係者に参加してもらい、彼らのアイデアやエネルギーやリソースを活用していくかだと気づいたのです。肩にのしかかっていた荷をすっかり下ろすと、彼女は軽い足取りで帰っていきました。

あなたへのアドバイス

●プロジェクトや任務をまかされたときは、いきなり仕事にとりかからないこと。まずはよく計画を練り、リソースを確認してから着手する習慣をつけよう。
●社内や業界内に、日頃からたくさん人間関係をつくっておこう。いざというときに力になってくれる。
●何もかも一から始めなくてもいい。世の中に本当に新しいことなどほとんどない。あなたがやろうとしていることは、たいてい過去に誰かがしているはず。そういう人を見つけ出して、彼らからノウハウを学ぼう。
●権限を下に譲る、つまりまかせることを覚えよう。部下がいなければ、あなたが築いた人間関係を頼って協力を求めよう。

実践する □

チェック33 指示のままに動いていないか？

仕事を与えられると、それだけしか見えなくなる女性がいます。早くやり遂げようと急ぐあまり、より賢い進め方のヒントが周囲にあっても見逃してしまうのです。そういう人は、細部ばかり見て大局を見ない傾向もあります。それではいけません、何かをやり遂げ、成功する人間は、戦術（細部）と戦略（大局）のバランスをうまくとるものです。

うれしいことに、わたしのオフィスには、この点に長けている女性がふたりいます。キムは認知心理学で博士号を持ち、マジェラはイラストレーターになる勉強をしています。ふたりの仕事は、外から持ちこまれるプロジェクトやクライアントの管理です。わたし自身が細部を見落としがちなタイプなので、これまでは、自分には細部に目がいくスタッフが必要だと思っていましたが、キムとマジェラはその考えがまちがっていたことを教えてくれました。

ふたりは仕事を割り当てられても、すぐには作業にとりかかりません。まずはよく考え、次にわたしにいくつも質問をします。すると、その仕事に関するわたしの考え方の問題点が見えてきて、結果として、これだけで驚くほど時間が節約できます。ふたりはわたしの指示にそのまま従うのではなく、じっくり考えて計画を立てることによって、会社に利益をもたらしています。これこそ、あなたが目指すべきことです。

あなたへのアドバイス

●複雑な仕事や大きな仕事を始める前は、創造力のある同僚とブレインストーミングをしよう。
●すぐに目の前の仕事にとりかかるのではなく、まず、どうすればその仕事をより早く、より安く、より効率的にできるかを考えよう。
●ストレス管理の講座を受けてみよう。〝すべての仕事にすみやかに対処しなければならない〟という切迫感を克服するヒントが得られるだろう。
●ボードゲームをしよう。戦略的な思考を鍛えるのに役立つ。

実践する □

チェック34
男性上司を父親のように見ていないか？

以前わたしのクライアントだったキャロリンは、頭がよくてしっかりした前途有望な女性でした。でも、自分より立場が上の男性から質問をされると、いつも子どものように口ごもる傾向がありました。まるで少女のようにふるまってしまうのです。そのせいで、上司から女の子のような扱いを受けていました。わたしは、そんな彼女に最初のうち、「もっと毅然とした態度をとって、明瞭に話してごらんなさい」などと助言していましたが、これは意味がありませんでした。彼女はすでにそうしたふるまいをしっかり身につけていたからです。問題は、特定の人たちに対してその態度がとれないことにありました。

よく話を聞いてみると、キャロリンの父親は元陸軍大佐で、家族に対しても小隊を動かすように接していました。権威的で、批判的で、何があっても満足しない人だったといいます。彼女がそのような父親のもとで子ども時代を生き延びるためには、すべての規則に従い、勉学に励み、けっして父親の機嫌を損ねないようにするしかありませんでした。結局、その習慣は大人になってからも続きました。彼女は仕事を始めてからも、目上の男性に対して、従順な娘のように反応してしまったというわけです。

これとは対照的なのがスザンヌです。彼女の父親は愛情こまやかで優しい人でした。娘に夢を追いかけるように勧め、精神的な支えとなりました。しかし、その彼女もわたしのところにやってきました。自分がなぜ上司に気に入られないかがわからない、きっと自分が何かまちがったことをしているにちがいないと言うのです。でも、事実はそうではありませんでした。わたしはスザンヌの上司を知っていましたが、彼は批判的で自己中心的な人物として有名でした。彼女だけでなく、誰が何をしても気に入らないのです。スザンヌが理解すべきだったのは、すべての男性が自分の父親のようではないこと、彼らには父親がしてくれたような扱いを期待できないということでした。

上司に父親を重ねてはいけません。そのせいで畏《おそ》れたり、期待しすぎたりしたら、いつまでたっても良好な関係は築けないでしょう。

あなたへのアドバイス

●もしあなたが、上司や目上の男性に対して、ほかの人にはしないような反応をしていたら、次の三つの質問を自分に問いかけよう。

①その人を見ると、誰を思い出すか？
②その人のそばにいると、どんな態度になるか？
③なぜその人の前では、力を発揮できないのか？
あなたが上司を父親のように見ているかどうかは、この答えでわかるだろう。
●権力を持つ男性と父親を区別しよう。会議で上司と同席するときも、〝わたしと彼は対等だ〟と自分に言い聞かせよう。そのように納得し、行動できるようになるまで繰り返すこと。
●権力を持つ男性と接するときは、感情を感知するアンテナを低くして、その人の態度や口調ではなく、発言内容に意識を集中しよう。そうすれば客観的に話が聞けて、適切な返答ができるようになる。

実践する □

チェック35

自分の可能性を限定していないか？

アン・ウィルソン・シェフは、著書 *Women's Reality* で、わたしたちの社会では、力を持たない者は、より多くの力を持つ者が決めた範囲の中で生きていると述べています。つまり、ヒエラルキーのトップにいる白人男性が、女性も含めた他の人間のあるべき態度を決めているというわけです。女性は男性によって設定されたルールの中で生きている、と言い換えてもいいでしょう。

シェフはまた、このような生き方は、自覚しないまま自分たちの選択の幅を狭めているとも指摘します。大気汚染にまみれていても、そこに長いあいだ暮らしていたらこんなものだと思いこみ、汚染のない美しい青空を見るまでその異常さに気づかないように。多くの女性は、自分たちの可能性は限定されていると思っています。でも実は、それは自分たちが現状に甘んじているだけなのかもしれません。

少し前、ひとりの女性がわたしのところにやってきました。彼女は組織のトップの座を目指しはじめていて、それに見合う実力もあるのに、名乗りを上げる自信がありませんでした。長年、非営利団体のナンバーツーとして働いてきて、何人ものトップ（全員が男性）の下につきましたが、最近まで、自分がトップになれると思ったことはなかったといいます。役員会は全員が保守的な男性で、トップの席が空いたときも、誰ひとり彼女をそこに座らせようとは思いませんでした。彼女自身も、候補者になる可能性などないと思いこんでいたのです。

でも、本当はどうだったのでしょう？　その女性には才能も経験もありました。なかったのは自信だけです。彼女は兄をスーパースター扱いする家庭に育ち、自分には兄ほどの才能がないと思いこまされて育ちました。それが、今まで端役を演じる立場に甘んじていた理由でした。

わたしは彼女に、なぜ今になってトップの地位につきたくなったのか、その理由をたずねました。すると彼女は、自分とほぼ同じ立場からキャリアをスタートした女友だちが全員、今ではそれぞれの非営利組織で幹部になっているからだと言いました。そんな現実を前にして、一方で決まりが悪くなり、また一方では、あらたな挑戦をしたくなったのでした。

わたしとの三度目のミーティングまでに、この女性は、自分がトップの仕事にいかに興味があるか、そしていかに最適な候補者であるかをアピールするプランをまとめてきました。その二カ月後、彼女は希望する地位の有力候補者となり、三カ月後には幹部となって、角部屋のオフィスに座っていました。

社会には今でも、さりげなく、あるいはあからさまに、女性に対して〝身のほどを知れ〟というメッセージが発せられることがあります。それは事実です。でも、人為的に狭められた価値観からは脱却しなければなりません。

エンターテインメント業界でもっとも力のある女性のひとり、パラマウント・ピクチャーズの元CEOシェリー・ランシングは、映画会社では、女性である自分は思いどおりの仕事ができないと察知して、みずから製作会社を立ち上げました。映画会社の責任者たちがようやくランシングの価値に気づいたのは、彼女が『危険な情事』や『告発の行方』といった大ヒット作を生み出したときでした。その後ランシングは、パラマウントにトップとして招かれました。

ここでの教訓は、他人によって決められた枠の中で動いているかぎり、自分の潜在能力は自覚できない、したがって誰にもわかってもらえない、ということです。

あなたへのアドバイス

- 岐路に立ったときはいつでも、行動の選択肢を数え上げて、意識的に可能性を広げよう。自分ではわからなかったら、友人と話し合えばいい。
- 自分の可能性を制限する、次のような心の声に気をつけよう。
「わたしには彼女のようなことはできない。あんな勇気はない」

「わたしがいくら言っても、彼らがこの案に賛成するはずがない」

「あの仕事は志願しないほうがいいかもしれない。わたしは適任とは言えないから」

「わたしは博士号をとるほど頭がよくない」
●一般的でない選択肢も見逃さないこと。方向性を決める前に、すべての選択肢について、ゆっくり考えよう。最初は退《しりぞ》けたものが、実はあなたにとっては正解かもしれない。
●成功した女性の評伝を読んで、彼女たちがどのようにして可能性を広げたかを学ぼう。
●否定的な見方ばかりする人は無視しよう。

実践する □

チェック36
正当な見返りまで遠慮していないか？

見返りについては話すことさえ嫌う人もいますが、どんな人間関係にも、何かをしてあげたら、見返りとして何かをしてもらう行為はつきものです。ひとことで見返りといっても、その中身はさまざまです。「高給を払うから、いい仕事をしてくれ」といった直接的なものもあれば、「きみを推薦しておくから、代わりに経費を早く精算してほしい」といった間接的なものもあります。

いずれにしても、これは人間関係で暗黙のうちにおこなわれる交換システムです。一般に、女性は見返りを利用するのがうまくありません。無償で親切をして、代わりのものは期待しないのをよしとしがちですが、それは時と場合によります。

仕事上の人間関係では、見返りをはっきりさせることが重要です。自分は相手が必要とする何を持っているか？　そして相手はこちらの必要とする何を持っているか？　そう考えるのは悪いことではありません。それどころか、互いに円滑にことを運ぶための大切なスキルです。

相手に必要なものを与えるたびに、あなたの口座には〝チップ〟が貯まります。こうしたやりとりをスムーズに進める秘訣は、常に必要とする以上のチップを蓄えておくことです。そして、それを実現する唯一の方法は、寛大な心で人とつきあうことです。

これは、人を操る話でも欲得づくの話でもありません。常日頃から、誰でも気づかないうちに、しょっちゅうしているはずです。たとえば、同僚が医者に行くのに早く会社を出られるよう、その人の代わりに報告書を仕上げてあげれば、あなたにはチップが貯まる。数週間後、その同僚が持っている情報が必要になったら、チップを払って教えてもらえばいいのです。「先月、ノートパソコンを貸してあげたよね。ちょっと頼みたいんだけど……」と、はっきり言葉で表わすこともありますが、たいていはそうしないまま、自然に助け合っているはずです。それでいいのです。

あなたへのアドバイス

●他人のために便宜をはかるときは、さりげなく相手に次のように言おう。「帰る前に報告書を仕上げてあげようか？　このあと友人と会う約束があるけど、遅れるって電話をしておくから」。これであなたのチップが貯まる。
●助けてあげるときは、あまり簡単そうに言わないこと。「ＩＴ部を説得して、あなたのパソコンをほかより優先して直してもらうように手配しておいたよ。出張の前に必要だろうから」くらいは言っておいたほうがいい。これでまた、口座にチップが増える。
●ちょっとした行為の交換価値をみくびらないこと。たとえば、会議の席で誰かを支持する発言をする、公の場で褒める、話に耳を傾ける、口コミ情報を教える……これらはすべて、職場の必需品と心得よう。

●チップは大事にすべきだが、使うのを恐れないように。たとえば、ある仕事につきたいと思っていて、以前に便宜をはかった相手がその雇用に関する情報を持っていたら、遠慮せずに教えてもらおう。窮地に立って助けが必要になったら、過去に窮地を救ってあげた人物に頼めばいい。チップの交換は常に一対一とはかぎらない。便宜をはかった直後ともかぎらないし、はっきりした形をとるともかぎらない。こうしたこともよく覚えておこう。

実践する □

会議を休んでいないか？

チェック37

会議は時間を費やす価値のある重要なものだという考えは捨てなさい。その考えは単純すぎます。でも同時に、もっと重要な仕事があるからと、会議を休んで仕事をしようという考えもまちがいです。

たいていの会議は、その中身だけを考えれば時間の浪費です。が、問題なのは中身ではありません。会議は人に姿を見せ、顔を合わせて挨拶し合い、話をするための貴重な場です。自分の強みを明確にするチャンスでもあります。大半の女性はもっと自分をアピールすることを意識するべきです。

あなたへのアドバイス

●会議は休まないこと。
●会議の場を、自分のスキルや知識を披露するチャンスとして利用しよう（議事録をとったりコーヒーをいれたりするスキルは除く）。物事を仕切るのが得意なら、進行役を買って出よう（ぼんやり座っているよりはるかにいい）。人間関係を築きたかったら、誰かの意見を支持しよう（ただし、本当に同意できる場合にかぎる）。
●上層部の人間に会える会議や、誰かに支持してもらいたいプレゼンをするチャンスがある会議には、出席を希望しよう。

実践する □

チェック38
いつも私生活より仕事を優先していないか？

仕事を人生にしてはいけません。ある男性ＣＥＯがこう言ったことがあります。「もし、わたしのスタッフが仕事を終えていないのに私生活を楽しんでいたら、それはまちがっている」。そうでしょうか？　あなたは自分の墓碑に〝いつでも私生活より会社を優先させた〟と刻んでほしいですか？　誰にも、もらった賃金に見合うだけ働く義務があります。それなりの時間外勤務も必要でしょう。でも、魂まで提供する義務はありません。

わたしの経験から言えば、仕事のために私生活を二の次にする女性は、家に帰っても楽しみがないか、家で待っている面倒ごとから逃げたいかのどちらかです。仕事以外の大切な活動や仲間を持っている人は、より前向きで生産的な人生を送っています。仕事で成功するためには人生の楽しみをあきらめなければならないというのは、誤った考えです。働いてばかりで遊びがなければ、男でも女でもつまらない人間になってしまうでしょう。

あなたへのアドバイス

●誰かに頼まれたり、困った状況になったりしても、プライベートの予定を安易にキャンセルしないこと。それによって生じる利益と損失を比較しよう。キャンセルするのが妥当な場合もあるが、それがいつものことなら改めたほうがいい。
●それで仕事を失う恐れがないかぎり、会社の都合で子どもとの予定をキャンセルしないように。場合によっては、失職の恐れがあってもよく考えるべきときもある。もちろん失業は避けたいだろうが、もしかしたら、家族を大切にできる会社に移ったほうがいいのかもしれない。
●会社の外に趣味や興味のある活動の場を持とう。何もなかったら、とにかく職場を離れる理由をつくることから始めよう。

実践する □

チェック39 人に時間をとられすぎていないか？

わたしたち女性の額には、「さあ、どうぞ。わたしの一日を浪費してください」と書いてあるとでもいうのでしょうか？　どうして多くの女性は、仕事場で長時間どうでもいい話をし続けるのでしょう？　時間は貴重な必需品です。いったん失ったら二度と取り返せません。

女性は親切で優しくあることを期待されていますが、そうあることと、自分の時間を確保することは両立します。なにごとにも、ふさわしい時と場所があるのです。もしあなたが締め切りに追われていて、夕方六時半には約束があり、そのあと夕食に義父母が来るとしたら、断じておしゃべりにつきあっている暇はありません。

コンサルティング会社タイム・ストラテジーズは、クライアントが時間を最大限に活用する手助けをするのが仕事です。社長のクリスティン・ライターに、時間の浪費に関する女性の特徴をたずねたところ、こんな答えが返ってきました。「女性が時間の浪費を生む最大の要因は、みんなを喜ばせたいという気持ちです。そのせいでノーと言えない。多くの女性は、他人との衝突や対決を嫌います。結果として、相手との境界線を明確に引けず、態度を明らかにできないのです」
他人のために時間を割くなと言うのではありません。それでは人間関係が傷ついて、〝チップ〟を貯められなくなります。でも、どのように時間を割くかは、よく考えるべきです。時間の余裕がない現代社会では、とくに重要な課題です。

あなたへのアドバイス

●本当にあなたに話をする必要のある人と、ただ話したいだけの人を区別しよう。
●次のセリフを練習しよう。「話をしたいのはやまやまなんだけど、今日は予定が詰まっているから、続きは明日、話さない？」
●時間を浪費させないためのちょっとした工夫をしよう。たとえば、オフィスの予備の椅子に書類を積んでおく。誰かが入ってきても仕事の手を止めない。一日の決まった時間にしか電話やEメールに返事をしない。
●前述のクリスティン・ライターからの助言は以下のとおり。
①人のためにどれだけの時間を割けるか、きちんと境界線を引いて示したほうがいい。そのせいで世界が崩壊することはない。

②もし誰かがその境界線を無視しても（女性は無視されがち）、「もっと話したいんだけど、さっきも言ったように、今日は予定がいっぱいで無理なの」などと説明して、境界線を守ろう。
③ビジネス・ランチでも、医師の予約でも、友人との気軽な約束でも、約束の時間から三〇分以上待たされたら立ち去ってかまわない。

実践する□

チェック40
早まって仕事を辞めていないか？

女性はしばしば、自分以外の人の都合で、夢や目標を棚上げにせざるをえなくなります。メアリー・C・ベイトソンの『女性として、人間として』（ティービーエス・ブリタニカ）という洞察力に満ちた本によると、男性の人生が直線的であるのに対して、女性の人生は絶えず方向転換を迫られます。そのせいで、せっかく計画を立てても、それを最後までやり通すのが困難になります。このことは、仕事にも影響します。いったん辞めた仕事に戻ろうと思っても、女性は職場から歓迎されないことも少なくありません。

わたしは、石油会社のアトランティック・リッチフィールドで仕事をしていたとき、多くの優秀な女性が、早い時期に仕事をいったん辞めたために、その後ずっと新入社員レベルの扱いしか受けられなかったのを目のあたりにしました。辞めた仕事にまた戻れると考えたのは誤りだったのです。

その頃、広報部で人を採るにあたり、何度も仕事を始めては辞めてきた女性の面接をしたことがあります。彼女は大学で英語の学位をとり、本来は記者か編集者として新聞業界に進みたいと思っていました。しかし過去十二年間、夫の転職とともに国内各地をまわり、さまざまな事務職を短期間（八カ月から十八カ月）ずつ繰り返し経験していました。頭のよさそうな素敵な女性でしたが、よく聞くと、最新の事務機器には詳しくないようでした。断片的なキャリアともあいまって、わたしは彼女を採用候補者に残すことができませんでした。

彼女が最新テクノロジーに通じていれば、可能性はあったかもしれません。些細なことでも、何か個人的な目標を達成していたら、忍耐強く仕事を全うできる人材だと考えたかもしれません。しかし結局、彼女は希望する仕事につくために、まずは初歩的な秘書の仕事から始めるしかありませんでした。

もしあなたが、自分のおかれた環境のせいで最終目標を達成できそうになくても、簡単にあきらめてはいけません。興味のある分野の最新情報はいつも仕入れておくようにしましょう。また、他人の都合を優先してすぐに身を引いてしまうのもやめましょう。たとえ成功できる資質があっても、能力ではなく経歴によって判断されて、後悔することになります。

あなたへのアドバイス

●人生で思わぬことが起こっても、すぐに仕事を断念する前に、戦略的な人生計画を立てよう。友人や家族にも支援を求めよう。
●成功するためばかりでなく、自信を持つためにも、大学の学位をとってみよう。仕事には不要でも、自分のために欲しいと思ったら、すぐに書類を取り寄せよう。
●進路の変更を余儀なくされるのは珍しくない。政界でも自然界でも家族でも、〝システム〟は変化に対して平衡を保とうと抵抗する。周囲の人はあなたの希望を棚上げして現状を維持しようとするかもしれないが、すぐに屈しないこと。
●しばらくのあいだ在宅で母親業や妻業に専念するつもりなら、業界団体に加入したり職業教育を受けたりして、できるだけ仕事と何らかの関わりを持ち続けよう。
●職場に戻ったときに役立つ技術や設備に触れられるような仕事を買って出よう。

実践する □

チェック41
ネットワークづくりを軽んじていないか？

ひと昔前の人は、仕事をし、給料をもらって帰宅して、夜はなんの心配もなく眠っていました。ちゃんと仕事さえしていれば、定年まで面倒をみてもらえるとわかっていたからです。しかし今日では、こんな話が通用するのはおとぎ話の中だけです。ＩＢＭが完全雇用を誇っていたような時代は、遠く過ぎ去りました。

それなのに女性の多くは、いまだにこのおとぎ話を信じています。出社して仕事をし、波風立てないでいれば安泰だと考えているのです。もちろん、まちがっています。

好むと好まざるとにかかわらず、仕事においてあなたは、複雑な人間関係のネットワークの中にいます。次ページの図を見てください。あなたは、この図の全員とよい関係を築かなければなりません。これも仕事です。ゴルフをしたり、仕事帰りにビールを飲んだりする必要はありませんが、この先も長く満足のいく仕事を続けたいなら、人間関係はきわめて重要です。

アレクシスは、国際的な玩具会社の北米販売グループで幹部を務めています。彼女がこの会

人間関係のネットワーク

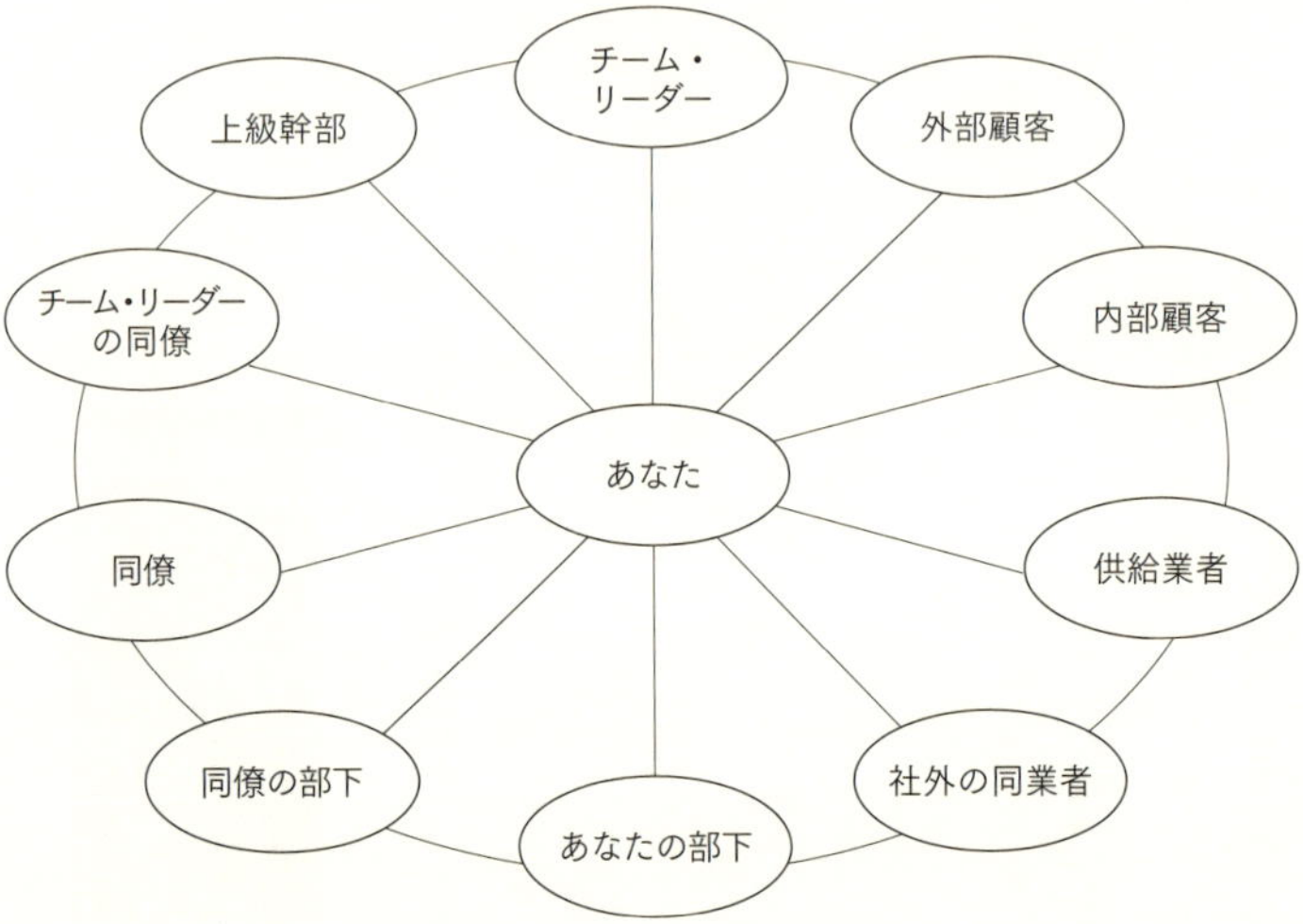

社で働きはじめて数年たった頃のことです。上司が辞め、社外から後任が来ました。アレクシスとその新しい上司は多くの点で意見が合わず、双方に不満が生じました。
新しい上司はアレクシスをクビにするつもりで、人事部に話をしました。彼女が熱心に働き、販売目標も達成していることは認めましたが、ビジネスの重要な変更について意見が対立していたからです。彼は自分の考えを通すため、人事部に、アレクシスを知る人たちに彼女を評価してもらうよう要請しました。自分がうまくいかないのだから、ほかの人たちも同じだろうと踏んだのです。
ところが結果は驚くべきものでした。アレクシスはすばらしい人間関係を持っていて、顧客だけでなく、取引先、同僚、部下のあいだにも強力なネットワークを築いていたのです。彼らはこぞってアレクシスの職業倫理、誠実さ、顧客ニーズへの気配りを賞賛しました。もし彼女を辞めさせたら、従業員や顧客の信用を失うのは明らかです。結局、その上司はアレクシスと折り合う方法を見つけざるをえませんでした。
この例は、人間関係のネットワークに大きな力があることを証明しています。これほど劇的な状況でなくても、仕事上、人間関係に頼る必要に迫られることは必ずあるでしょう。でも、何度も言うように、人間関係は必要になってから築こうとしてもできないのです。

あなたへのアドバイス

- 前ページの図の、それぞれの立場の下に、あなたのキャリアに影響のある人の名前を書きこもう。
- それらの人たちとの関係を築く（あるいは保つ）ための計画を立てよう。そして、可能性のある見返りを考えよう（チェック9と36も参照のこと）。
- 業界団体に参加して、積極的に活動しよう。
- 「人間関係を築くための時間は浪費ではない」と自分に言い聞かせよう。実際、多くの関係をつくれば、そのぶんだけ情報やリソースが手に入る。

●ノートかデータベースに、会った人と、その人から聞いた情報を記録してみよう。

実践する □

チェック42 特権を辞退していないか？

トニは、上級管理職に昇進しました。ご多分に漏れず、この会社も社員のポジションによって仕事スペースが決まっていました。平社員は、フロア中央のパーティションで区切られたスペース、次は窓に面したパーティションによる小部屋、その次は広さが二倍のパーティションによる小部屋と進んでいき、最終的には、ドア付きの、マホガニーの家具と絨緞のある角部屋のオフィスになります（わたしの以前の口癖は、「〝ドア〟まで昇進したいわ」でした）。

そしてトニは、晴れて窓とドアのあるオフィスに移動していいと言われたのです。それなのに、彼女はそれを断わってしまいました。わざわざお金と労力を費やして引越しをすることはないと思ったからです。まちがっています！

ナンシーも、昇進にともなって家具とパソコンのそなわったオフィスに移れることになりました。彼女はトニとちがい、新しいオフィスに移るのを楽しみにしていました。ところが、いつまでたっても連絡が来ません。そこで上司に確認したところ、新しく男性社員が入ることになったので、彼にその部屋を使わせるつもりだといいます。ナンシーはショックを受けましたが、波風を立てないことを選択しました。昇進できたことに感謝しながら、それまでの小部屋に留まることにしたのです。なんということでしょう。トニよりひどいまちがいです！

あなたへのアドバイス

●あなた自身が欲しいかどうかにかかわらず、正当な特権は手に入れること。なぜならそれは、周囲の人があなたにいだく印象はもちろん、あなたが自分自身にいだく印象をも大きく左右するから。
●あなたの特権が見落とされていたら、権限のある人に伝えよう。単にうっかり見落としていたのか、それともあなたがそのことを持ち出さずにいてくれればいいと思っていたのかがわかる。
●ポジションに見合った特権が与えられず、見落としでもないとわかったら、理由を訊こう。少なくとも、同じポジションの人が手に入れているものをなぜあなたは得られないのか、きちんと答えてもらうこと。

●どんな結果でも受け入れる覚悟があるなら、その問題を経営幹部に持ちこんで決定を求めてもいい。泣き言を言ったり誰かを糾弾したりするのではなく、状況を説明し、いつまでに何をしてほしいか、あなたの希望を述べよう。ただし、それでも断わられた場合は、クビ覚悟でもないかぎりあきらめること。
●昇進したら、どんな特権がついてくるかを確認しよう。じっと黙っていたら、情報がもらえなかったり遅れたりすることが多い。

実践する □

ネガティブな物語をつくりあげていないか？

チェック43

わたしの母は、物事がうまくいかないときにネガティブな物語をつくりあげる天才でした。誰かに冷たくされると、「この前あげたプレゼントが気に入らなかったんだわ」と言い、わたしが就職に失敗したら、「服装がふさわしくなかったのね」、父が昇進しなかったら、「上司をばかにしたんじゃない？」といった調子です。おかげでわたしは、物事が思ったとおりに進まないと、自分が悪かったのだと思う癖がつきました。でも、わたしだけではないはずです。多くの女性が、同じ理由で、同じ習性を持っています。

仕事の場でネガティブな物語をつくる癖が出ると、何についても後知恵で自分を批判しがちです。もっと悪くなると、後悔するのを恐れて思い切った行動をとれなくなります。

以前、わたしのクライアントで、部長昇進の打診を受けた女性がいました。入社して比較的日が浅かった彼女にとって、願ってもない話です。ところが打診を受けてからわずか数時間のうちに、その女性はうまくいかなかった場合のネガティブな物語をいくつもつくりだし、失敗を恐れて気が進まなくなってしまいました。

困難な事態の可能性を考えること自体は悪くありません。問題は、ネガティブな考えに打ち負かされて、そうした事態を回避しようと前進しなくなる姿勢にあります。もし彼女に管理職としての問題解決能力が本当になければ、そもそも昇進の話などなかったでしょう。

幸いなことに、その女性は無事に昇進し、（おそらく彼女以外にとっては予想どおりに）職務を立派に務めています。

あなたへのアドバイス

●ネガティブな物語が浮かんだら、それを中立的な物語に置き換えよう。あなたがまちがったことをしたという前提ではない、別のシナリオを考えるように。
●問題そのものでなく、問題の解決法に注意を向けよう。ネガティブな考えにとらわれていると、目の前にある解決法を見逃してしまう。
●スーザン・ジェファーズの『とにかくやってみよう』（海と月社）を読んでみよう。いつまでも内容が古びないこの良書は、ネガティブな考えをポジティブな結果に転じるための具体的な方法を提案してくれる。著者の言うとおり、恐怖心を目標達成の妨げにしてはいけない。

実践する □

チェック44 常に完璧を目指していないか？

女性は、自分が不完全だと思うあまり、完璧を求めてがんばりすぎてしまいがちです。そういう人は、頭では完璧にやることなど不可能だとわかっていても、いっぽうで自分の能力や適性に不安を感じています。だから、それを補おうとして完璧を目指してしまうのです。でも、これは時間と労力の無駄です。すでに充分によくできているものまで完璧にしようとするより、新しく創造的な行為に時間を費やすほうがいいと気づくべきです。

ジュリアはわたしのコーチングを受けるまで、仕事のあらゆる面で確認と再確認を繰り返さずにいられず、自分自身がおかしくなりそうでした。完璧を求める強迫観念のせいで、結婚にも失敗し、体を壊し、同僚には敬遠されていました。あら探しばかりすると思われていたので、誰も彼女と同じチームになりたがりません。また、些細なことを見過ごせない性格のせいで、キャリアも大きく制限されていました。

彼女は同僚たちに、何もかもが充分でないというメッセージを発信し、彼ら自身にまで自分たちは不良品だと感じさせていました。そんな人と、誰が一緒に働きたいと思うでしょう。程度の差はあれ、彼女のような人は少なくありません。あなたは心当たりがありませんか？

あなたへのアドバイス

- 一日の労働時間、あるいはひとつの仕事に費やす時間を意識的に減らそう。報告書のチェックに一時間しかかけられないとわかっていたら、一時間でできるはず。時間に制限を設けないと、完璧を求めるあまり必要以上の時間を費やしてしまう。
- すでに仕上がった仕事にさらなる時間をかける前に、同僚の意見を聞こう。それでもう充分かもしれない。
●普段から、まずは八〇パーセントの出来を目指そう。八〇パーセントと一〇〇パーセントの差に、たいていの人は気づかない。そのぶん、ほかの大事な仕事にもっと時間をかけられるようになる。
●「これは時間を費やすに足ることか?」と常に自問し、答えがイエスなら、「なぜ?」と問うこと。その答えが、自己イメージや、人からどう思われるかに関連するものなら、無用な努力かもしれない。
●完璧でなければいけないという考えを捨てよう。完璧であろうとなかろうと、あなたという人間の価値に変わりはない。

実践する □

5章

自分の売りこみ方

コカ・コーラやクリネックスといったブランド名は、有名になって社会に浸透したため、そのジャンルの製品全体をさす言葉になりました。このように、ブランドが社会的に確かな信頼を得るためには、信頼に足る品質だけでなく、優れたマーケティングも必要です。どちらが欠けても、市場での力は維持できません。

それは人も同じです。ストラテジック・リーダーシップ・ソリューションズ社長のドクター・ブルース・ヘラーは、自分をブランディングして売り出すことの重要性を人々に指導しています。「職場を市場と考えなければならない」とヘラーは言います。「職場という名の市場では、あなたが扱う商品はあなた自身です」。彼いわく、まずは職場で自分を際立たせている特長をはっきりさせ、次に、それらを自分のブランドとして売り出すのです。

ドクター・ヘラーがよく使う言い回しに、「視野に入らないものは記憶から遠ざかり、仕事からも遠ざかる」というのがありますが、これは女性にとってはとくに重要です。女性は往々にして、でしゃばらずに黙って仕事をし、たとえ褒められなくても貢献できれば幸せだと考えます。そしてその結果、本当は受けて当然の昇進や仕事のチャンスを逃がしているのです。

チェック45
ウリが曖昧ではないか？

先日、コーチングのチームに空きができて人を募集したとき、組織開発の博士号を持つ女性が面接に来ました。経験豊富で教養もあるようでしたが、残念なことに専門分野がはっきりしません。わたしの会社は、経営幹部に専門的な助言ができることが強みです。そこでわたしはまず、この女性に、「あなたがもっとも得意としていることは何ですか」とたずねました。

すると、彼女は三〇分にわたって、それまでの職歴や興味のある分野、その他付加価値のありそうなことを話しましたが、わたしの質問には答えませんでした。その後も質問の仕方を変えて同じことを訊きましたが、彼女が組織心理学のなかでとくに何を専門にしているのかは、とうとうわかりませんでした。

「パーソナル・ブランディング」という雑誌の創刊号で、発行人のピーター・モントヤは、「自己ブランディングは、成果を約束して人々に期待を生み出す。うまく確立できれば、自分の価値、個性、能力をはっきりと伝えられる」と言っています。わたしたちのチームの面接に来て採用されなかった女性に欠けていたものは、まさにこれでした。

あなたへのアドバイス

●まず、仕事においてあなたがもっとも満足感を得られることを、三つから五つ挙げてみよう。たとえば、他人を助ける、話を聞く、問題を解決する、交渉する、技術的なレポートを書く、プロジェクトを管理する、データを集める、障害をつきとめる、解決策を実行するなど。それらに集中すれば、進むべき方向が見えてくる。
●次に、リストに挙げた行為を、職場に生かせる三つのポイントとしてまとめよう。たとえばこう。「わたしは人の話を聞くのが得意なので、あまり協力的でない情報源からもデータを集められます。また、書くのも得意なので、どんなデータでも客観的に報告できます。最後に、データを収集して報告したら、問題の解決法を見出して実行する能力もあります」。こうした言葉を声に出して練習し、必要なときにすらすらと自信たっぷりに言えるようにしておこう。
●それらの能力によって、自分を人とどう差別化できるかを考えよう。たとえばデータを集めて報告する能力は、製品を製造する会社や部署では貴重だろうし、人間関係を築く能力は、知的資本を扱う組織などで歓迎されるだろう。

チェック46
仕事や地位を卑下していないか？

これまでわたしは、「どういう仕事をしているのですか？」という質問に対して、卑下して答える女性を何度となく見てきました。「ちょっとした法律事務所をやってるだけです」、「ただの事務です」、「情報テクノロジー・グループの管理みたいなことです」。このように言われたほうは、それ以上興味を引かれませんし、仕事にプライドを持っていないという印象をいだいてしまいます。どんな組織のどんな仕事にも、重要な意味があります。あなたは大企業の社長ではないかもしれませんが、そのビジネスに必要だからこそ、今の仕事をしているはずです。あなた自身が、自分はなぜ必要とされているのかをはっきりさせないかぎり、あなたというブランドを売り出すことはできません。

また、自分の仕事を簡潔に説明しながら、そこにポジティブな色づけをする能力も大切です。組織の成功に貢献しているというプライドを示しましょう。エレベーター内の会話程度の短い時間に自分の仕事が説明できなければ、まだブランドが明確になっていない証拠です。

あなたへのアドバイス

●〝エレベーター・スピーチ〟に磨きをかけよう。短い説明で、卑下せず力をアピールすること。たとえば次のように。
「建築会社のプロジェクト・コーディネーターです。高品質のサービスをタイミングよく提供することで、ビジネスの成功を確かなものにしています」

「トラック会社に勤務しています。荷物を正確に仕分けし、できるだけ早く目的地に届くようにするのがわたしの責任です」

「五人の営業部員のチーム・マネジャーで、売上げが予測を上回るよう、メンバーを鼓舞し、指導しています」

「現在は仕事を探しているのですが、一〇年近く、実験器具を安全で効率的に使うための技術マニュアルを書く仕事をしてきたので、その経歴を生かしたいと思っています」
●〝問題（プロブレム＝P）・行動（アクション＝A）・結果（リザルト＝R）〟のPARモデルを使って、自分の実績を表わしてみよう。たとえば、「わたしはシステムの効率について問題をつきとめ、解決方法を提示し、会社にとって経費削減をもたらしました」のように。

実践する □

チェック47
愛称やファーストネームで仕事をしていないか？

愛称やファーストネームは本来、愛情をこめて子どもを呼ぶときに使われるものです。それなのに女性は、すぐにこうした呼び方をされるのを許します。些細なことと思うかもしれませんが、これは意外に大事なポイントです。愛称やファーストネームで呼ばれるのを許せば、子どものように扱われるのを許すことになります。きちんと名字で呼ばれることが、あなたを大人へと成長させるのです。

あなたへのアドバイス

●これまでずっと愛称で通ってきたとしても、今後は正式な名前で自己紹介しよう。

名刺、机の上のネームプレート、レターヘッドも正式名にすること。
●留守電のメッセージ、Eメールのアドレス、自己紹介のさいも、必ずフルネームを使おう。

実践する □

チェック48
認められるのを待っていないか？

勤務先が経営縮小されることになったジャクリーンは、いま働いている部署でなくてもいいから、とにかく会社に残りたいと思っていました。でも、解雇を言い渡されたらどうしようと気が気ではないようでした。そこでわたしは、会社に残りたいと上司か人事部に伝えてはどうかとアドバイスしましたが、彼女は、まるでわたしが重役フロアを裸で走れと言ったような顔をしただけでした。わざわざ希望を言いに行くことなど、思いもつかなかったのです。

企業の規模縮小や、フラットな組織の流行によって、昨今では自分をアピールする必要がますます高まっています。人員削減や一時休業があっても自分の仕事を保持するためには、組織にとってなぜ自分が貴重な人材であるかを、進んで説明しなければなりません。

組織がフラットになればなるほど、昇進のチャンスは少なくなります。また、華やかな仕事や技能が身につく仕事も、貴重になるいっぽうです。そうした仕事につく人は、しばしば、さりげなく（ときにはあからさまに）自分の長所をアピールしているものです。気づいてくれるのを待っていては、願いは叶いません。自分をしっかりブランディングして、強みを売りこむべきです。

女性、とくに自分を売りこむのが苦手な女性は見過ごされがちです。能力がないからではなく、遠慮しているか、いずれ認められるはずだという誤った思いこみのせいで見過ごされているとしたら、これほどもったいないことはありません。

あなたへのアドバイス

- ●やりたい仕事があるときは、やらせてほしいと名乗り出よう。
- ●転職を考えているなら、それを口にすること。まわりの人たちに、次の挑戦をしたいと言えばいい。人に話せば話すほど、チャンスは増えるはず。
- ●常に、さりげなく自分の業績を見せよう。あなたや、あなたの部署が達成したことを定期的に文書にまとめてもいいし、その達成をベストプラクティスとして示すのでもいい。たとえば会議で同僚たちに、自分がある問題をどう解決したか、障害をいかに乗り越えたかを伝えよう。
●自分をアピールする計画を立てよう。将来を想定して、そこへたどり着くまでの具体的なステップを書き出そう。
●何かを学んだり、フィードバックを求めたり、コーチングを受けたりして、自分の可能性を広げていこう。そうすることで、予想外のチャンスがおとずれたときのための準備ができる。

実践する □

注目される機会を逃していないか？

チェック49

あるメーカーの小さな支社で業務部長をしている女性が、本社の役員会に出席するよう求められました。彼女はずっと、赤字操業を黒字にした自分の業績が認められていないと不満をもらしていましたが、役員会に招かれたということは、支社だけでなく会社全体への貢献が認められた証です。

ところが彼女は、過去に数回出た役員会が〝時間の無駄〟だったという理由で、出席を断わってしまいました。それを聞いた瞬間、わたしは思わず、「いい加減に女の子でいるのはやめなさい！」と言いました。彼女は物事を広い視野で見ようとせず、子どもの頃に学んだ「一生懸命に働いて、会社の時間や金は無駄にしない」という価値観にいつまでも固執しすぎていました。

自分の能力に注目してもらうチャンスは、役員会への出席といった大きなものにかぎりません。重要な会議のお膳立てや、大事なクライアントや上級幹部へのプレゼンなども、注目を得る貴重なチャンスです。

たしかに、いま抱えている仕事で手一杯かもしれません。会議は永遠に続くのかと思うほど長く感じますし、クライアントへのプレゼンも手間がかかるうえにリスクがあるでしょう。どれもよくわかります。でも、だからなんだというのでしょう。それらはみな、あなた独自の能力を示し、実力者たちとの関係をつくるチャンスです。成功の八〇パーセントは、その場に姿を見せることにあるということを、肝に銘じておくべきです。

あなたへのアドバイス

●テーブルにつくよう求められたら、ありがたく招待を受けよう。時間がなければつくるまでのこと。それは未来への投資と心得よう。
●初めてのポジションや仕事を提示されたら受けること。人があなたを信頼してその仕事ができると判断したのなら、あなたも自分を信じるべき。
●多少のリスクがあっても、目立つプロジェクトには進んで参加しよう。度胸がなければ栄光もない。
●上級幹部へのプレゼンを買って出よう。概してメリットがリスクを上回るし、やってみないかぎり慣れることもできない。姿を見せることは、存在を認めてもらうのに不可欠の条件。
●職場では、上級幹部のことを顧客だと思うように。彼らが求めているものをつきとめ、それに対応するよう努めよう。

実践する □

チェック50

謙遜しすぎていないか?

謙虚でいることは大切ですが、それも時と場合によります。立派な仕事をしたのに人に気づいてもらえなかったら、きちんとアピールしていいのです。本当は大変な苦労をしたのに、たやすかったように見せるのは、賢明な態度とは言えません。

ヘレナは、謙虚すぎた女性のひとりです。彼女は上級管理職育成の責任者としてチームを率い、管理評価、個別の自己啓発プログラムの作成、管理に関するコーチングに責任を負っていました。

ところが途中で、会社が別会社と合併することになりました。そのあおりで彼女の仕事は二倍に増えましたが、チームの人数はそのままでした。ヘレナはそれでも工夫して、従来の人員だけで仕事をこなし続けました。

努力は報われました。年間の勤務評定で、上司が彼女の努力を褒め、気前のいい特別賞与を出したのです。それなのにヘレナは、仕事が認められたことを喜びながらも、こう言いました。「全然たいしたことではありませんでした」。本当は人員を増やしてほしいと言うつもりだったのに、こんな控えめな態度をとったために、ヘレナは自分たちを売りこむチャンスを逃がしてしまったのです。結局、「全然たいしたことではない」仕事に増員を要望するために、あらためて戦略を練らなければなりませんでした。

あなたへのアドバイス

●「全然たいしたことではありません」という言葉は使わないこと。
●仕事の遂行を報告するさいには、その重要性も伝えよう。ヘレナは、「チームの全員が長時間、週末も返上して働きましたが、無事に成し遂げられたのを誇りに思います。認めていただけて嬉しいです」というように答えるべきだった。
●褒められたときは相手をしっかり見て、簡潔に、「ありがとうございます」と答えよう。自分の努力を軽く扱わないこと。
●誰かからあなたの仕事を褒める手紙をもらったら、上司にもそれを見せよう。
●賞状や額を、他人によく見えるように飾ろう。
●礼状やすばらしい勤務評定など、自慢にできる成果のコレクションをつくって、自信を失ったときに見直そう。

実践する □

チェック51
安全圏内にこもっていないか？

ひとりの男性が、あるポジションを希望しました。規定条件を満たしていなかったので、その点をつかれましたが、彼の答えは簡潔でした。「わたしには相応の能力があります。足りないところは、あとから習得します」

一般に女性は、仕事が手に負えなくなるのを恐れて、現状に留まろうとする傾向があります。求められる条件のすべてを満たしていないかぎり、新しい仕事に立候補しようとしません。それに対して男性は、もっと柔軟に仕事を求めるようです。

近年の就職市場では、あまり長く同じ仕事に留まっている人は、頻繁に仕事を変える人と同様に、何がしか問題があると判断されることがあります。自己満足に終始し、業界の最新技術に疎いという印象も与えがちです。女性は、わざわざ指名されてもなお、自分はその仕事にふさわしくないと拒否することがありますが、これは大きなまちがいです。せっかくのオファーを断われば、将来のチャンスは確実につぶれると心しておきましょう。

皮肉ですが、自分は安全圏内にいようとする人も、同じような態度の他人のことは魅力的だと思いません。たいていの人は、情熱的でリスクを恐れない、積極的な態度の人に魅力を感じ、見習いたいと思うのです。

あなたへのアドバイス

●今の仕事であらたに大きな責任を持たされるといった変化がないかぎり、三年から五年で新しい仕事の可能性を模索しよう。
●失敗を恐れて、少し訓練をすればできるようになる仕事を見送ったりしないこと。
●講習を受けたり本を読んだりして、専門分野の進歩についていく努力をしよう。新しいものごとを学ばなければ、成長はない。
●スキルを伸ばしたり、あらたなスキルを身につけられるような仕事は買って出よう。想定される失敗に対処できるのであれば、仕事をしながら学習するのは自分勝手なことではない。
●新しい仕事を始めるその日から、次の仕事を探しはじめるのもよい。数年は動かないにしても、常に可能性を考えていれば、求人市場で有利に動くことができる。

実践する □

チェック52 アイデアを人に譲っていないか？

こんな話がよくあります。女性が自分の考えを口にしました。無視されました。次に男性が同じ考えを口にしました。すると認められ、昇進しました。悪いのは誰でしょう？　女性です。もともと自分の考えだったと主張せず、それをとられるままにしたからです。

では、なぜ彼女は主張しなかったのか？　そもそも自信がなかったからでしょう。あるいは、利己的だとかでしゃばりだとか、協調性がないなどと思われたくなかったからかもしれません。いずれにしても、アイデアを他人に譲るたびに、自尊心は失われていきます。何度も繰り返していたら、そのうちすっかり自信をなくすでしょう。

女性だから意見がとりあげられなかったのだと誤解してはいけません。わたしの経験上、理由はもっと単純です。おそらく、注意を引くほど大きな声を出さなかったか、隣の男性に考えを耳打ちしたために彼が発言したか、もしくは発言のタイミングが悪かったのです。これらのミスは容易に改善できます。

あなたの考えは、価値のあるものです。何かを提案してそれが採用されれば、あなたの考えが売れたということです。こうした〝社内ビジネス〟には、もっと積極的になりましょう。そして、人の厚意や、いい仕事や、特権と交換できる〝チップ〟をどんどん貯めてください。

あなたへのアドバイス

●自分の考えを説明したあとに、質問をする癖をつけよう。たとえば、「解決方法に優先順位をつけて、最初のふたつをすぐに実行すべきだと思います。このやり方に反対の意見はありますか？」というように。そうすれば、意見を流されることなく話し合いに移行できる可能性が高まる。
●あなたが提案したのと同じことを、誰かが言い方を変えて提案したら、「わたしの提案を基にした意見のようなので、支持します」のように、自分の発案であることを示そう。
●みんなに聞こえるように大きな声で話をしよう。
●隣の誰かに耳打ちをして確認を求めるのではなく、直接、自信を持って発言しよう。
●できれば自分の考えを書き残しておこう。発言だけの場合とちがって信憑性があり、誰の発案であるかを明確にできる。書面は今でも強力なコミュニケーション手段であり、人によっては、目で見える形にしたほうが好意的な反応が返ってくる。

実践する □

チェック53
〝女性の仕事〟をしていないか？

わたしはこれまで、〝女性の職場〟といわれる部署で働く女性たちが、企業内の階層を上がろうとして夜間に学校に通い、学位を取得する姿を何度も見てきました。また、学位を持つ女性が、いずれは昇進することを望みながらも、まずは足がかりを得るために〝女性の仕事〟を務めるのも見てきました。残念ながら、どちらの場合も成功例は多くありません。
女性の職場といわれるところでは、概して賃金が正当な額より低いという問題もありますが、こうしたところに長く居続けると、市場価値が限定されてしまうのが現実です。

あなたへのアドバイス

- 男女が同程度いる職場を探そう。
- 女性に求められがちな役割を務めるよう言われたら、長い目で見た利益が目先の利益を上回るかどうかをよく考えること。

●会議で、コーヒーをいれるとかコピーをとるなどの雑用を買って出るのはやめよう。もし頼まれたら、持ち回りにするか年功順にすることを提案しよう（チェック89を参照）。
●不満な役割から脱却するために何らかの学習や訓練が必要なら、どんどんやろう。将来のための価値ある投資になる。
●必要な努力をしても状況が変わらなかったら、新しい職場を探すことを考えてみよう。

実践する □

チェック54

人からの評価を無視していないか？

わたしたちは誰もが、互いに評価の対象になっています。自分が他人からどう思われているかを知らなければ、効果的に自分をアピールすることはできません。人はつい、他人からの評価を無視したり、「個人的意見に過ぎない」と一蹴したりしがちですが、そのように見られているのは事実なのです。
他人はあなたを、あなたの意図ではなく言動で判断します。商品やサービスは、顧客の期待に沿わない評価が定着してしまえば、遅かれ早かれ売れなくなります。あなたも同じです。わたしはクライアントにこう言っています。「三人に酔っ払っていると言われたら、横になったほうがいい」

あなたへのアドバイス

- 可能であれば、人事部に三六〇度評価を実施してもらおう。他人の立場から自分を見れば、改善のいいチャンスになる。
- 上司が評価を伝えやすいように、あなたから定期的に訊いてみよう。
- 評価を聞いたら、弁解するのではなく、「どういうときの、どういう態度かを教えてもらえますか?」と言おう。過去の言動を釈明するのはやめること。
- 評価がショックなものだったら、考える時間をもらおう。説明してもらう必要を感じたら、冷静に聞けるときに改めて求めよう。
- たいていの人にとって、正直な評価はしづらい。だからこそ、率直な評価をしてもらったときは、ありがたく受け取ろう。

●評価を求めるのは、何か改善するつもりがあるということ。訊いた相手には、どんな改善をするつもりかを伝えよう。これで、実際の変化に注目してもらえる。

実践する □

チェック55 人目につかないようにしていないか？

わたしの主催するリーダーシップ・プログラムでは、同じ会社から参加した男女が小グループに分かれて、実際に会社が直面している問題を解決するという演習をおこないます。具体的には、ある問題解決モデルを使って、問題の特定、その根拠、問題克服の方法を含む解決案を作成し、上級幹部へのプレゼンを準備します。最終日には、実際に会社の上級幹部がプレゼンを聞き、提案についてコメントします。すぐれた提案が、実際のビジネス・プランに組みこまれたことも何度かあります。

興味深いのは、この演習に参加した女性が、まずまちがいなく働き蜂になることです。男性たちを気遣い、プレゼンのためのＯＨＰやパワーポイントのスライドを準備し、全員の意見が取り入れられるよう気配りするといった調子です。この演習を二〇年近くやっていますが、女性がプレゼンを率先しておこなった例は見たことがありません。女性は自分ではなく、もっとも弁の立つ男性をチームの代表に推薦するのです。
わたしに言わせれば、多くの女性は普段から控えめすぎます。自分自身をアピールする機会があったら、もう他人に譲るのはやめましょう。

あなたへのアドバイス

●部内の定期的な会議で、司会役を買って出よう。
●業界の会議で、専門分野についてのプレゼンをしたいと申し出よう。
●地方紙、業界紙、あるいは会社の回報に記事を書こう。
●上級幹部に話をしにいく有志を募っていたら手を挙げよう。
●会議でおとなしく座っているのをやめよう。自分の考えを出席者に知ってもらうことは、自分をアピールする絶好の機会になる。

実践する □

6章

知的な話し方

どんなにいい考えを持っていても、自信と信頼性を感じさせながら伝えられなければ、人は耳を貸してくれません。この章では、話の内容ではなく、言葉の選び方、声音《こわね》、話す速さ、そして考えのまとめ方をとりあげます。これらの要因すべてがうまく組み合わさると、聡明で自信に満ちた、有能なプロとして見られるようになります。

アドバイスのところには練習用のセリフも紹介しました。ぜひ、声に出して言ってみてください。恥ずかしがって飛ばしてはいけません。それこそが、あなたにいちばん必要なものかもしれません。なにしろ、見た目と話し方によって、あなたの信頼性の九〇パーセントが決まるのですから。

チェック56
意見を質問の形で言っていないか？

これは女性がとくによくおかすまちがいです。自分の意見を言うとき、直接的で押しつけがましいと思われたくないばかりに、「もし……したら、どう思いますか？」とか、「……と考えたことはありませんか？」などと質問形にして話すのです。これはやめるべきです。考えていることは常にはっきり述べないと、自分の意見の所有権はもちろん、その成果も手放すことになります。
次のやりとりを見てください。
アン：予想外のニーズに備えて、開発費にもっと予算をあてておくほうがいいと思いませんか？
ピート：いや、むしろマーケティングに金を回すべきだろう。まずは評判をつくり、それからニーズに応えればいい。
アン：それはそうですが、ニーズがあり次第それに対応できなければいけないし、そのためには開発費が必要です。
ピート：だったらなぜ、ぼくに訊いたんだい？
主張を質問の形で曖昧にすると、あなたには苛立ちが、相手にはわずらわしさが残るだけです。押しつけがましくなるのが心配なら、メッセージを受け入れやすくする言葉をつけ加える工夫をするべきです。質問形で話すのは避けましょう。

あなたへのアドバイス

●言いたいことは、意図を明確にして表現しよう。
●同様に、質問という形をとった発言には答える必要もない。無意味な言葉の応酬になってしまう。
●質問するのは、情報が欲しいときと、誰かの意見に興味があるときにかぎること。
●考えは断定的に述べよう。「予算の一部を開発費にあてることで、今後のニーズに備えることを提案します」のように。そうすれば、もし反対意見の人がいても、強い立場で自分の提案を守れる。
●提案や発言のあとに、「あなたのお考えはいかがですか」と言えば、意見が曖昧にならず、居心地も悪くならない。

実践する □

いつも〝前置き〟をしていないか？

チェック57

本題に入る前の無意味な前置きは、言えば言うほど、伝えたいことが曖昧になります。クロゼットにあれこれものを詰めこみすぎると、中に何があるかわからなくなるのと同じです。

それでも女性が前置きしたくなるのは、自分の発言が強引だと思われたくないからです。たとえばこんな具合です。

「ええと、生産性についての問題を考えましたが、実は、それについてほかの人とも話しました。過去三期にわたって生産性が落ちたことを心配しているのは、わたしだけではありません。考えてみたら、この三期より前からかもしれません。長いあいだわかっていながら、きちんと評価してこなかったんです。いずれにしても、わたしたちは何らかの対処法を見出そうとしていて、わたしにも考えがあるにはあるんです。それが最高だとか唯一の方法だとは思いませんが、ひとつの意見ではあると思います。ほかの人にも案はあるでしょうが、それは本人から言ってもらうことにします。それで、わたしの考えというのは……」

結局、この人は何を言いたいのでしょうか？　ここまでのことは、ごく短い言葉で、はっきりと伝えられるはずです。

――あなたへのアドバイス――

「生産性はしばらく前から問題でしたが、それについて提案があります」

●まず要点を言おう。口を開く前に、「いちばん言いたいことは何か？」と「相手に考えてもらいたい点を二、三挙げるとしたら何か？」を考えて、頭を整理しておこう。
●短い発言のほうが自信を感じさせられる。重要な意見を述べるときは、前もって練習しよう。できるだけ少ない言葉で言う工夫を。
●はっきりした主張を、短いメッセージで伝えよう。「過去三期から四期にわたって生産性が落ちたことの原因をつきとめ、対処法を決めるために、部門横断的な分析をおこなうことを提案します」のように。

実践する □

チェック58
長々と説明していないか？

前置きとならんで問題になるのが、長々しい説明です。前置きのあとで、やっと本題に入ったと思ったら、今度は長い説明が延々と続く、これでは相手の心は確実に離れます。女性がこのまちがいをおかしがちな理由は、いくつか考えられます。言葉を連ねれば主張が和らぐから、完璧であろうとして話し続けるから、発言を無視されないように延々と話すから……。しかし、事態をよくしようとして言葉を重ねても、実際は逆効果です。

ためしに、チェック57で示した前置きに、次の長い説明を続けてみてください。

「……それで、わたしの考えというのは、状況調査のようなものをしてはどうかということです。従業員のところへ出向いて、彼らの工程、仕事の満足度、上司との関係などについて質問するのです。今はたくさんの会社がこれをおこなっています。外部のコンサルタント会社を使ってもいいし、社内でやってもいいでしょう。もしよければ、調査をおこなう最善の方法を考えます。あるいは、選択肢を検討する特別チームを任命してもらってもかまいません。それとも、わたしが選択肢を検討して報告しましょうか」

わかりますね。致命的です。

あなたへのアドバイス

●説明を、今までの半分から四分の一の長さにしよう。
●要点を述べたら、あとは裏づけとなる情報を二つか三つ、つけ加えるだけに留めること。必ずそれでやめる。あなたが黙れば、それをきっかけにしてほかの人が何かを言うはず。
●以上を踏まえれば、先に紹介した意見はこうなる。
「過去三期から四期にわたって生産性が落ちたことの原因をつきとめ、対処法を決めるために、部門横断的な分析をおこなうことを提案します。その結果、わたしたちの最大の強みはどこにあるか、現在どんなまちがいをおかしているか、今後どこへ向かうべきかがわかります。わたしが主導します。何かつけ加えるべきことはありますか？」
●「まだ不完全だ」という心の声に抵抗しよう。知っていることをすべて言う必要はない。あなたにとっては不完全に見えても、ほかの人にとってはそうでないことが多い。過ぎたるは及ばざるが如し。

実践する □

許可を求めていないか？

チェック59

許可を求めるのは、大人ではなく子どもの行為です。何かの許可を求めるたびに、その人は自分を子どもの地位に退行させています。また、許可を求めるということは、「だめ」と言われる覚悟もしていることになります。たしかに、そうしている間は、まちがいをおかしても責められる恐れはないでしょう。でも、自信のある大人の女性に見られることもなくなるでしょう。

なかには、決定権を持っている事柄にも許可を求める女性がいます。ある女性は、男性の同僚が些細な仕事のためにチーム全員で三日間もリゾート地に出かけたのに、自分のチームはたった一日現場を離れる許可さえもらえなかった、と愚痴をこぼしました。くわしく聞いてみると、彼女はスタッフ全員が一日いなくなってもいいかと上司に訊き、それは望ましくないと言われたそうです。そこで、三日間リゾート地に行った男性に、「どうやって上司の許可を得たの？」と訊いたところ、男性の答えはこうでした。「えっ？　許可をもらうなんて考えもしなかったよ」

どんな立場であれ、決められた範囲内では自己判断で行動する権利があるはずです。その範囲を明確にする必要はありますが、範囲内では自由に行動するべきです。上司もあなたに、ボールをしっかり受け取って走ってもらいたいと思っているはずです。あなたはそのために給料をもらっているわけですし、そうすれば上司の仕事はずっと楽になるのですから。

あなたへのアドバイス

●許可を求めるのではなく、やろうとすることを伝えよう。知る必要があるという相手の立場は尊重しても、相手の意向のままに行動するのはやめること。
●「明日、日中に立ち合いの必要な工事があるので、自宅で仕事をしてもかまいませんか？」と訊くのではなく、「明日は日中に立ち合いの必要な工事がありますので、自宅で仕事をさせていただきます」と言おう。
●もしあなたの報告内容に問題があれば、相手が何か言うだろうが、それでも許可を求めた場合よりは対等な立場で交渉できる。
●言い切るのが難しかったら、フォローの言葉を添えて和らげよう。「クライアントの懸念にすべて答えるために方針説明書を用意するつもりです。できあがったら、クライアントに見せる前にご意見をうかがいたいと思っています」のように。

実践する □

チェック60 すぐに謝っていないか？

タイガー・ウッズは、ある年の全英オープンで成績がふるわなかったとき、同情の言葉をかけたスポーツキャスターにこう言いました。「わたしの出来が悪かったわけじゃない。今日の風やコンディションが、わたしに不利だっただけだ」。男性はこのように、明らかなミスや不振に対しても、責任を認めたり謝ったりせず、自分の非を最小限に扱う傾向があります。

女性もこの点を学んで、さらにスマートにふるまうべきです。意図しない小さなまちがいまでいちいち謝っていると、次第に自信を失い、信頼性も損なわれます。道でうっかり誰かにぶつかったときや、オフィスで小さなミスをおかしたときに謝る人は、男性よりも女性のほうがずっと多いでしょう。それ自体は悪いことではありません。ただその行為には、ミスの本当の原因となった他人の過失に対峙したくないという気持ちが隠されていることもあります。これは、けっして褒められるものではありません。場合によっては、無用な罪をかぶることにもなりかねません。

ある女性が、上司にひどく怒られたときの話をしてくれました。彼女が前もって上司に知らせなかったせいで、出席するつもりだった会議に出られなかったと言われたのです。本当は、その会議に関するEメールをちゃんと上司に転送していました。彼はそれを読まなかったか、予定表に書き忘れたのでしょう。

さて、それからどうなったか？　彼女はこの事態をうまく切り抜けました。以前にわたしと、女性は謝りすぎるという問題について話し合ったことがあったので、こう言ったのです。「わたしは連絡を受けたその日に、Eメールを転送しました。ちゃんと情報が伝わったかどうかを確認する必要があるのでしたら、今後はよろこんでそうします」

いくつもの理由から、これはすばらしい答えです。まず、彼女は謝るという罠に陥りませんでした。そして、そのことで自信を持ち、怒られている子どものような気持ちにならずにすみました。そのうえ機転を利かせて、上司がそうしろと言うはずのない代替案を持ち出しました。Eメールを読んだかどうか確認してほしいなどと言う上司がどこにいるでしょうか？　彼女はじつに賢明に、Eメールを読む責任を上司に認めさせたのです。

あなたへのアドバイス

●必要もないのに謝ってしまった回数を数えてみよう。謝るのはしかるべきミス（そうたくさんはないはず）にかぎること。意識的に回数を減らそう。
●謝るべきミスをしたときも、一度しっかり謝ったら、あとは問題解決に集中しよう。
●謝ることよりも、何が悪かったのかを客観的に判断し、それを解決することのほうが大事。
●謝罪に代わる返答として、たとえば以下のようなものがある。「最初に受け取った情報からは、あなたがそれを期待していることがわかりませんでした。考えを聞かせていただければ、必要な見直しをします」
●相手に好かれようとして、自分の立場を下げるような謝罪はやめよう。どんな相手に対しても、常に対等の立場をとろう。あなたより地位の高い人が、常にあなたより優れているわけではない。

実践する □

卑下した言葉を使いすぎていないか？

チェック61

卑下した言葉とは、達成したことの大きさや重要性を小さく見せる言い回しで、女性はこれを使いがちです。先日も、一七歳になるわたしのいとこが使っていました。

その日、彼女の祖父が自慢げに、彼女が学校で賞をもらった話をしたので、わたしは本人に、どんな賞なのか訊きました。すると彼女は、「あら、ただのゴールデン・ステート賞よ」と答えたのです。その賞がどんなものかは知りませんが、受賞するためには、それなりの努力が必要だったはずです。でも〝ただの〟という言葉を使うことで、彼女はその重要性を過小評価してしまいました。

職場でも、成功を控えめに言ったり、それが才能や努力やノウハウの賜物《たまもの》であることを認めない言い方をする人がいます。お祝いや賞賛の言葉に対して、女性は「たいしたことではありません」とか、「幸運だっただけです」などと言いがちですが、それを繰り返していると、本人もまわりも、本当にそんな気になってしまいます。

あなたへのアドバイス

●「ありがとうございます。この結果をうれしく思っています」と素直に言う練習をしよう。褒められたら自然に口から出るように、何度も言ってみよう。
●自分の功績は、よけいな言葉を使わず、客観的に評価しよう。「ただの……」、「わたしは単に……」、「自分でも驚きました」などの表現は避けること。
●謙虚にしたいのなら、たとえばこう言おう。「ありがとうございます。自分が成し遂げたことを誇りに思いますし、助けてくれた人たちにも感謝しています」
●サラ・マイヤーズ・マッギンティの『ハーバード流「話す力」の伸ばし方!』(三笠書房)を読んでみよう。これを読むと、メッセージを真剣に受け取ってもらうためのテクニックとともに、状況に合わせたコミュニケーションの重要性がわかる。

実践する □

曖昧な表現をしていないか？

チェック62

言い方がストレートすぎるのではないかという不安を和らげたくて、女性がよくするもうひとつの方法は、曖昧な表現を使うことです。雰囲気を和らげるという目的は果たすでしょうが、メッセージは弱くなります。たとえば以下のようなものです。

「ちょっと……みたいな感じです」
「……をしたようなものです」
「もしかしたら……すべきかもしれません」
「……できればいいのですが」

イライラしませんか？　こういう曖昧な発言を聞くと、多くの人は次のように考えます。

「結局、どうなんだ？」

「いったい何をしたんだ？」

「すべきなのか？　すべきでないのか？」

「できるのか？　できないのか？」

あなたへのアドバイス

●自分の意見は、わかりやすく確かな言葉で述べよう。押しつけがましくしろというのではない。曖昧な表現は使わずに率直に言える大人になること。
●もし柔らかく伝える必要があるなら、最後に何か言葉を添えればいい。たとえば、「ここまでの理由から、これ以上待つよりも今すぐ行動するべきだと思います。ほかの人のご意見をお聞かせください」のように。
●もし本当に確信がないのなら、発言の最初に確信が持てない理由と、どうしたら確信が持てるかを述べよう。「これまでにわかっている事実からは、それほど早く行動を起こすべきかどうかわかりません。最終的な決定をする前に、もっとデータが必要です」と言うほうが、曖昧に話すよりずっといい。
●デボラ・タネンの『どうして男は、そんな言い方　なんで女は、あんな話し方』（講談社）を読んでみよう。タネンは職場におけるコミュニケーションの専門家で、この本では、男女のコミュニケーションのちがいに優劣をつけるのではなく、男女が相互によりよく理解する方法を探っている。権威があると見なされる人とそうでない人のちがいがどこから生まれるのか、その力学が理解できるだろう。

実践する□

チェック63

ピントのぼやけた返答をしていないか？

副社長とある女性社員の、次のやりとりを見てください。
副社長：第4四半期に見こまれる損失について、株主に話をしておくべきだろうか？　それとも、損失がいくらになるか確定するのを待つべきだろうか？
社員：そうですね、第4四半期の財務準備のためには、いま話をしてもいいでしょう。けれども待っていれば、実際の数値がわかるぶん信頼性は上がります。いま話したら、答えられない質問をたくさん浴びせられるでしょう。とはいえ待つことにしたら、何かを隠そうとしていると思われるかもしれません。どちらにも得失があります。
どうですか？　それぞれに得失があることなど、副社長は百も承知です。そのうえで、どちらがいいかを求めているのに、この社員の答えは優柔不断そのものです。難しい質問に対して、女性はしばしば思いつくことをそのまま口にし、選択肢をならべてみせますが、それでは答えになりません。リスクを避け、安全策をとろうとしての態度でしょうが、改めるべきです。直接的な質問を受けたら、明確に答えてください。

あなたへのアドバイス

●自分に向けられた質問には、まっすぐに答えよう。テスト問題と同じく、質問には四つの種類がある。○か×かを問う、空欄を埋める、二者択一、記述式。例に挙げた副社長の質問は、「いま情報を告げるべきか、待つべきか」の二者択一だった。この場合の返事は、二つのうちのどちらかか、第三の代替案であること。代替案には、たとえば次のようなものがある。「どちらでもありません。財務の発表があるときに結果を見てもらうのがいいでしょう」

●直接的かつ簡潔な答えが出せないとしたら、それは完璧を目指しているせいかもしれない。正誤問題に対して、「○か×かでは答えられません」と言う人がいるが、リスクを承知で思い切った判断をすれば答えられる。優柔不断と思われるよりは、そこから議論が始まるほうがいい。
●要点をはっきりさせて、考えを整理しよう。エッセンシャル・コミュニケーションズの社長トム・ヘンシェルは、結論とそれを支持する二、三のデータによって、答えをいくつかの塊《かたまり》に分けるといいと言っている。このやり方で前記の質問に答えると、次のようになる。「情報はいま知らせるべきだと思います。理由はふたつあります。ひとつは、情報を隠していたと責められるより、すべてを公表してしまったほうがいいと思うからです。もうひとつは、もしも、株主に何らかの損失があるだろうというわたしたちの考えが見こみちがいでも、株主が安堵するだけで、失うものはないからです」
●記述式の答えでは、考えを整理し、番号をふって表現しよう。「アイデアが三つあります」、あるいは、「とりうる道はふたつあります」のように言ってみよう。
●即興演奏を習おう。即興のレッスンは、すばやい決断をして、質問にまっすぐ答えるのに役立つ。

実践する□

チェック64

早口で話していないか？

一般に、女性はおしゃべりだと言われるので、発言時間をとりすぎることを過度に避けようとしがちです。また、時間内に言いたいことを言い切ろうとして、早口になってしまう人も多いようです。でも、自分を表現するために適切な空間と時間を使うのは、当然の権利です。〝わたしは注目され、耳を傾けてもらう資格がある〟と考えるようにしましょう。

口調は信頼性を大きく左右します。それによっては、自信や正確さ、考えの深さを印象づけることができるのですが、早口で話すと「時間を割いてまで聞く価値がない」とか、「充分に練られていない」といった印象を与えかねません。聞き手に無用な疑問を感じさせてしまうのです。

あなたへのアドバイス

●適度な速さで話す練習をしよう。音楽に合わせて練習をすると効果的。
●スピーチのスキルアップを目指す非営利教育団体のトーストマスターズなどに参加してみよう。一人ずつプレゼンしたあと、メンバーが互いに意見を述べ合うので、人前でのスピーチに慣れることができる。
●友人か同僚に、話す速度が速くなったらこっそり合図してくれるように頼んでおこう。
●「わたしには意見を述べるのに必要な時間をとる権利がある」と、自分に言い聞かせよう。

実践する □

チェック65
専門用語に疎くないか?

ビジネスにはさまざまな専門用語がつきもので、それらを理解していないと、ビジネス事情に通じていないということになります。それでは影響力も行使できません。女性は自分の仕事だけわかっていればいいと思いがちですが、それはちがいます。

かつて一緒に仕事をしたある女性は、常に優秀な勤務評定で、会社への貢献をしばしば賞賛されていましたが、肝心の昇進は、なぜかいつも見送られていました。その原因は意外なところにありました。

彼女の会社は定期的に、一定の肩書き以上の社員に管理能力の査定をおこなっていましたが、その評価報告書でも彼女は、平均以上の知性があり、問題解決能力に優れ、マネジャーになれる素質もある、とされていました。ところが、自分の担当以外の仕事について語る能力には欠けている、と見なされていたのです。

あなたは、ＲＯＩや純利益、会社の業績評価指標について説明できますか？　もしできなかったら、今すぐ調べるべきです。

あなたへのアドバイス

- 経済紙を読もう。仕事に役立つ情報と同時に、ビジネスの専門用語も学べる。
- 経理部の人に頼んで、経理の基本を教えてもらおう。
- 業界誌や業界のニュースレターを定期購読してみよう。
- 会計学の基本を教える講座を受けてみよう。

●自分の家計や財産をきちんと管理しよう。
●業界団体の集まりに参加してみよう。
●あなたの仕事に関する分野のベストプラクティスを調べてみよう。

実践する □

チェック66

「無意味な言葉」を使っていないか？

ここで問題にするのは、沈黙を埋めるために使う、「あのー」「えー」「そのー」とか、「なんというか」「おわかりですよね」といった言葉です。それらが多用されると、話が不確かで迷っているように聞こえ、発言の価値を損ねます。
やっかいなことに、こうした言葉のほとんどは無意識のうちに発せられ、自分で思っている以上に口にしています。ですから、正すには工夫が必要です。

あなたへのアドバイス

●「無意味な言葉」を使っていないか、信頼できる同僚に聞いてみよう。
●友人か同僚に頼み、そういう言葉を使ったらすぐ教えてもらうという決まりをつくろう。たとえばコーヒーを飲んでいるとき、あなたが無意味な言葉を使うたびに指を鳴らしてもらうなど。
●できれば、職場以外の人にも同じことを頼もう。指摘してもらえばもらうほど、早く正せる。
●プレゼンをしている自分を録画して、チェックしよう。
●机にレコーダーをおいておき、電話の話し声を録音して、あとで聞き直そう。
●沈黙に慣れること。沈黙も有力なコミュニケーション法のひとつ。

実践する □

チェック67 気を遣いすぎた言い方をしていないか?

直接的に言い切るのが不安なときにしがちなのが、相手に気を遣った回りくどい表現です。

例を挙げて、きっぱりした表現と比べてみましょう。

相手に気を遣った言い方

「……したほうがいいような気がします」
「……するかもしれません」
「……することを考えてもいいのではないでしょうか」
「……したらどんな気持ちでしょうか」
「……と言う人がいるかもしれません」
「わたしが思ったのは……」

きっぱりした言い方

「……するのが最善だと思います」
「……するつもりです」
「……するよう助言します」
「……したらどう考えますか」
「反対する人は……と言うでしょう」
「わたしの提案は……」

同じメッセージでも、後者のほうが断定的で、発言内容に責任を持って主張しているという意志が感じられます。些細なちがいに思うかもしれませんが、言葉遣いはわたしたちの価値観や意図など、言外の意味を強く伝えていることを忘れてはいけません。

あなたへのアドバイス

●「わたしは……と思います」「わたしは……を提案します」など、話を〝わたしは〟

で始める練習をしよう。
●思い切って、自信を持って、意見を述べよう。
●ビジネスパーソン向けの本や雑誌を読んで、ビジネスで使う語彙《ごい》を増やそう。
●手紙やEメールで文書を書いたら必ず見直して、より端的になるように手直ししよう。
●気を遣った表現を全部排除する必要はない。たとえば同僚のカウンセリングやコーチングのさいに意識的に使うのであれば、目的に適っている。

実践する □

チェック68 〝サンドイッチ話法〟になっていないか？

サンドイッチ話法とは、否定的な評価を伝えるときに、前後に肯定的な評価を入れる方法です。そのほうが相手に受け入れられやすいと思っている人が多いのですが、大きなまちがいです。この話法には効果がありません。次の例を読んでください。

> グレッグ、あなたが担当したジャクソン・プロジェクトの仕事についてフィードバックします。クライアントとの関係を築くために、かなりの時間をかけたのはよかったと思います。あちらも感謝しているようでした。でも、先方に確固とした提案をするのに必要な調査にもっと時間をかけるべきでしたね。全体としては、クライアントの期待に沿ったいい仕事ぶりだったと言えます。

さて、こう言われたらグレッグはどう考えるでしょう？　結局のところ、いい仕事をしたのかどうか、よくわからないのではないでしょうか。メッセージを明確に伝え、より適切な行動を引き出すには、肯定的な評価と否定的な評価を別個にするほうがずっと効果的です。とはいえ、どんなに経験を積んでも、否定的な評価は伝えにくいものです。そこでわたしは、否定的評価一回に対して肯定的評価を七回おこなう、〝一対七ルール〟を採用するようにしています（その他、後述のアドバイスも参照のこと）。

女性はとくに、悪い評価をするのを嫌がります。これをうまく進めるには、明確で具体的な表現を使って、よりよい結果を目指していることを伝えるのがポイントです。グレッグに対する評価は、次のようにするといいでしょう。

グレッグ、ジャクソンの件についてフィードバックがあります。あなたがプレゼンした調査は不充分で、疑問点がいくつか残りました［明確］。今後は、競争相手の状況をもっとしっかり把握して、我が社を採用する利点を強調してください［具体的］。そうすればクライアントは、もっと短期間で結論を出せるでしょう［よりよい結果］。

あなたへのアドバイス

●評価の一対七ルールに従えば、否定的な評価がずっとしやすくなる。充分に肯定的な評価をすることで、相手は前向きなメッセージを受け取り、あなたのことを批判ばかりする人間とは思わない。
●肯定的な評価をするときは、批判的な含みをこめないこと。それをすると、まやかしの褒め言葉のようになる。
●継続的な評価は、肯定的なものと否定的なものの両方をしよう。
●次の手順に従うと、直接的な評価をしやすくなる。
①話をする理由を述べる。
「フランク、先週一緒に取り組んだプロジェクトのことで話があるんだけど」

②あなたが状況をどう見ているかを具体的に説明し、相手の考えを聞く。
「あなたが五日のうち四日も遅刻や早退をしたので、そのぶんわたしの仕事の負担が増えたのは知ってるわね。あなたはそれについて、どう思ってる？」
③相手の話を確認し、どうしてほしいかを明確にする。
「家庭が大変だったのはよくわかった。でも、それを事前に知っていれば、ほかの人に来てもらうとか何か対策が立てられたはずよ。今後は、仕事に一〇〇パーセント打ちこめないときは、前もって教えてくれると助かるわ」
④望ましい行動を結論に結びつける。
「話を聞いてくれてありがとう。内部でもっとうまくコミュニケーションをとれれば、クライアントに対しても、さらにいい仕事ができるわね」

実践する □

チェック69
小さい声で話していないか？

話す声の大きさによって、人の印象は大きく変わります。女性は小声で話しがちですが、声が小さいと、内容が不確かで、自信がなさそうな印象を与えます。また、声の大きさは、ボディランゲージにも影響します。適切な声量と動作を組み合わせれば、堂々としてプロらしい自信を感じさせることができるのです。

あなたへのアドバイス

- 大勢の前で話すときは、いちばん遠くにいる人が楽に聞き取れるくらいの声で話そう。
- 声の出し方を学ぶために、発声か演技か歌唱を習うのもいい。
- よく人に発言を聞き返されたり、もっと大きい声で話してほしいと言われるようなら、この問題を真剣に受け止めよう。
- プレゼン中やミーティングでの自分を録画しよう。みんなの話はよく聞こえるのに、自分の話は聞きづらかったら、声量を上げるべき。
- 自分の留守録のメッセージを聞こう。自分の声の特性を客観的に評価し、自信を感じさせる雰囲気でメッセージを残す練習をしよう。これが、あなたの第一印象になることもある。

●聞き手がゆったりと座っていられず、身を乗り出してあなたの話を聞こうとしたら、声が届いていないのかもしれないと考えよう。

実践する □

チェック70 高い声で話していないか?

男性の前に出ると、普段より声が高くなる女性は少なくありません。なぜでしょう? 声が高く、細くなると、小さな女の子のようになります。小さな女の子の声は恥ずかしそうで、控えめで、かわいらしい。そこには威厳がまったく感じられません。高い声を出す人は、おそらく、そういうふうに思われたいのでしょう。

人はあなたの話す内容ばかりでなく、その声にも反応します。高い声での発言は、真剣に受け取られない怖れがあります。一般に、低い声のほうが注意を引きやすく、尊重されやすいのです。声が高くなるにつれて、信頼性は下がります。低い声は男性に多く、社会的には男性のほうが権威があると思われているからかもしれません。男性でも、高い声の持ち主は女性と同じ問題に直面しています。実業界の大物ロス・ペローでさえ、政界に進出したさい、身長が低いうえに声が高いということで損をしたと言われています。

あなたへのアドバイス

- 朝目覚めたときに、何か声を出してみよう。それがあなたの自然な、締めつけられていない声だから、その声を仕事中も保持すること。
- 呼吸を意識し、首や肩の筋肉をほぐそう。緊張して声帯が締めつけられると、声が高くなる。
- 首から胸にかけて大きな空間があると想像しよう。声が体内を巡っている様子を思い描くことで、小さく抑えつけられている声のイメージをつくり直せる。

実践する□

チェック71
留守電にだらだらと話していないか？

留守電にメッセージを残すさい、多くの女性が、話をうまく終わらせられません。最初の部分は簡潔でも、最後は、「たぶんこれだけだと思うわ。そうね、何かわからないことがあったら電話してちょうだい。そういうことで。えーと、じゃあ、また」といった調子になります。前述したように、だらだらと続く話は、最初の（いちばん重要な）メッセージの効果を損ない、あなたを優柔不断な人間に見せてしまいます。

以前、あるクライアントが、他人が残す留守録のメッセージは乱暴でぶっきらぼうなので、どう答えていいかわからないと言いました。そこで、そのいくつかを聞かせてもらい、同時に、同僚に転送してもらって、彼女自身の留守録のメッセージも聞かせてもらいました。

彼女が戸惑っていたメッセージはすべて男性からでしたが、とくに乱暴でもぶっきらぼうでもなく、ただ簡潔なだけでした。逆に彼女のメッセージは不必要な言葉が多く、頭に浮かんだ考えをそのまま口にしているようでした。たしかにソフトではありましたが、話のポイントはぼやけていました。言葉が少ないほうが、要件はしっかり記憶されるのです。

あなたへのアドバイス

●自分が残した留守録のメッセージを聞き直して、不必要に長くないか確かめよう。
●電話する前に、頭の中で話したい項目のチェックリストをつくり、電話を切るべきときがわかるように準備しよう。
●メッセージが長くなりがちだとわかったら、要点を述べた時点で話を終えよう。話をやめ、さようならを言い、電話を切る。
●メッセージを終えるときの決まり文句を用意しておくといい。「わからないことがあったら電話してください」のように。あとは切るだけ。

実践する □

チェック72
“間”をおかずに話していないか？

“含みのある間《ま》”という言葉があります。言おうとすることに対して、他人の注意を引き、期待をもたせるような短い時間のことです。あなたは、質問をされたとき、考える時間を充分にとらないで、すぐに答えたりしていませんか？　含みのある間は、コミュニケーション術にぜひとも加えるべき、強力なツールです。
話す前に間をおくと、いくつかの効果が生まれます。第一に、言おうとすることについてよく考えたというメッセージが伝わります。第二に、聞き手に興味を持たせます。第三に、あなたが自信に満ちているという印象を与えます。そして第四に、あなた自身が自分の考えを整理できます。

あなたへのアドバイス
●質問に答える前に、三つ数える習慣をつけよう。

●間をおいているあいだに、相手にわかってもらいたい要点は何かを自問しよう。そして、その要点を、答えの始めに持ってこよう。
●時計で三秒の間をはかってみよう。会話の途中だと永遠のように感じるかもしれないが、実はほんの一瞬にすぎない。

実践する □

7章

自分の見せ方

わたしは普段、すぐに指摘できて変えやすい言動から指導しています。変化がすぐに他人に伝わり、早く成功に結びつくからです。この章でチェックするふるまいは、無意識あるいは習慣的なものです。一見単純ですが、見くびってはいけません。多くの女性が実力を過小評価される原因は、ここにあります。

優秀であれば恵まれた仕事ができると思うのはまちがいです。順調にキャリアを積んでいくのは、競争に勝つ能力があると同時に、プロらしく見え、プロらしく話せる人です。能力は最初にテーブルにおく掛け金に過ぎません。有能なだけでは前に進めないのです。

調査でも、信頼性の五五パーセントは外見から生じることがわかっています。話し方によってさらに三八パーセントが上乗せされます。発言内容から生じる信頼は、たったの七パーセントでした。幸いなことに、外見は改善しやすいもののひとつです。ぜひ、よりよい見せ方を覚えてください。

チェック73
意味なく微笑んでいないか？

〝女性のためのリーダーシップ・スキル〟のワークショップでのこと。この日、「周囲から真摯《しんし》な対応を引き出すにはどうすればいいか」を話し合っていると、ジェット推進研究所でエンジニアを務めるアジア系女性が手を上げました。自分の意見が男性の同僚に無視されるのはなぜだろう、という質問でした。彼女が発言し終えたとき、室内に笑いが起こりました。ほかの人たちにはその答えが明らかだったからです。発言のあいだ、彼女はずっと、満面の笑みを浮かべていたのです。

あなたへのアドバイス

- いつ微笑むかに、もっと注意を払おう。
- 表情と発言内容を一致させよう。不自然な表情をつくるのではなく、ボディランゲージや発言内容と調和させることが大事。
- 真剣なメッセージを伝えるときは、事前に鏡の前で練習しよう。ふさわしくない笑みを浮かべていないかどうかがわかる。
- とはいえ、笑みをまったく絶やすのもよくない。微笑は好感度を上げる。好感度は成功するために重要な要因。
- 微笑む時と場合を意識しよう。たとえばメッセージを柔らかく伝えたり、同情を示すときには微笑むと効果的なことが多い。

実践する □

チェック74 空間を小さく使っていないか？

空間の使い方には、その人の自信と権利意識が表われます。人は大きな空間を占めるほど、自信があるように見えるものです。飛行機内での男女の座り方のちがいを考えてください。男性は両脇の肘掛けに肘を乗せてゆったり座るのに対して、女性は肘を体につけ、あまり場所をとらないように座りがちです。エレベーター内でも、女性のほうが場所ふさぎにならないよう気を遣っています。機内やエレベーターの中ならエチケットとして理解できますが、ビジネスの場では要注意です。
女性はプレゼンで聴衆の前に立つときも、同じことをしがちです。一カ所に立ち、その場からあまり動こうとしません。小さすぎる空間と、小さすぎる動作とが組み合わさると、控えめ、慎重、内気、小心といった印象を生み、発言内容に自信がないように見えてしまいます。

あなたへのアドバイス

●プレゼンをするときは、ゆっくりと前後左右に歩くなど、使える空間をフルに利用すること。大きなステージでも、演壇の前に出るなどして、スペースの四分の三は使うようにしよう。
●会議では、動きを制約されない席を選ぼう。肘を体につけておかなければならないような場所に座らないこと。テーブルに肘を乗せ、すこし身を乗り出せば、話を真剣に聞いていることを伝えられる。
●聴衆の前に立つときは、両足を肩幅程度に開こう。
●座っているときは、チェック75を参照して、自然でゆったりした身のこなしをしよう。
●必要なら、小型マイクか手持ち型のマイクを用意してもらおう。固定式のマイクで話すよりも自由に動ける。

実践する □

チェック75
不自然な身振りをしていないか？

身振りはあなたのエネルギーと調和していなければなりません。つまり、存在感を増すために空間を大きくとろうとするなら、身振りを大きくするのが手っ取り早い方法です。ところが、たいていの女性はスマートな身振りの方法を学んでいません。女性の場合、大きな身振りは行儀が悪いとされるので無理もありません。

コメディアンのジョーン・リヴァーズは、自分を実際以上に大きく見せるため、メイクや髪型だけでなく、身振りも大げさにしています。でも笑いをとるのでないかぎり、彼女の真似はお勧めできません。

ヒラリー・クリントン上院議員は、典型的な政治家の身振りをします。緊張した様子で、発言を強調するのに空手チョップのような手の動きをします。こちらもお勧めできません。こうした定型の身振りを繰り返していると、聞き手の注意をメッセージから逸《そ》らすことになりかねないからです。

身振りは、メッセージを伝える助けとなるべきです。身振りが上手な女性のひとりに、政治家のエリザベス・ドールがいます。彼女は全体的に上品で、自然な女性らしさを保持しつつ、威厳も感じさせます。ジョーン・リヴァーズほどがむしゃらでなく、クリントン上院議員ほど用意周到な印象もなく、自信に満ちた自己表現といえます。あなたもこうあるべきです。

あなたへのアドバイス

●言葉によるメッセージとあなたのエネルギーに合わせて、自然に体を動かすことを心がけよう。
●不安のあまり手を揉んだりしないこと。
●身振りの大きさは聴衆の数に合わせよう。聴衆が多ければ、それだけ身振りを大きくしよう。
●論点を強調するさいは、一、二、三と指を使って列挙すると効果的。
●コミュニケーション・コンサルタントのトム・ヘンシェルは、「シルエットを崩せ」と助言している。両手を脇につけて立ったままだとシルエットは崩れないが、身振りを加えると、手足が動いてシルエットが崩れる。会議室のテーブルについているときも、ドア口で立ち話をしているときもやってみよう。

●生き生きとした身振りで、広い空間を楽しく使おう！

実践する□

チェック76 活気がありすぎたりなさすぎたりしていないか？

ここで言う活気とは、身振りだけでなく、顔の表情や話す速さ、その他のボディランゲージを含みます。

活気がありすぎる人は、開ける前に缶を振ったソーダのようです。そんな状態では、周囲の気が散るばかりか、その人自身が実際よりも自信がないように見えてしまいます。でも女性は、まわりの人を楽しくさせようとするあまり、あらゆることにエネルギーを注ぎすぎて過剰になりがちです。

逆に、誰かにうるさいと注意されたせいで活気を失って、退屈でつまらない人になることもあります。騒々しくすまいとして、極端に沈んでしまうのです。

どちらも、大人の女性に望ましい態度とは言えません。

あなたへのアドバイス

●もしあなたが覇気《はき》がないタイプなら、もっと大きな声で話そう。それだけで自然に活気づけられる。
●過度に活気づいた状態は、たいてい不安から生じている。深呼吸などのリラックス法を習得しよう。
●普段から、活気のバランスに気を配ろう。音を消して自分の映っている映像を見ると、自分の状態がよくわかる。傍観者として見たとき、どんな印象を受けるだろう？

実践する □

チェック77 首をかしげていないか？

話をしている最中に首をかしげるのは、自分の発言内容を和らげる効果があります。また、疑問をほのめかしたり、話を聞いていることを示したり、相手の反応を促したりするときにも首をかしげることがあります。けれども、率直にメッセージを伝えようとするときにそれをしてはいけません。発言内容に確信がないか、本気でないことの表われだと解釈される恐れがあります。

女性は男性よりも頻繁に首をかしげます。言いづらいことを無難に伝えようとして女性が身につけたひとつの方法でしょうが、テレビの報道番組では、司会者もゲストも首をかしげることはありません。話題の多くは国内外の重大事件で、真剣さが求められるからです。

いっぽう、熟練のキャスターのなかには、インタビューでゲストに本音を吐かせようとするとき、意図的に首をかしげる人がいます。これは、心から興味を持っていることを示して、ごく個人的な質問でも答えを引き出すためです。

首をかしげるのを一切やめろとは言いません。でも、シリアスな状況ではやはり避けるべきでしょう。和らげるべきでないメッセージを、首の動きひとつで弱めてしまわないよう注意が必要です。

あなたへのアドバイス

●真剣なメッセージを伝えるときは、首をかしげず、相手の目をまっすぐに見よう。

●首をかしげる仕草は、相手の本音を聞きたいときや、相手の気持ちを理解していると知らせたいときに使おう。
●気まずい沈黙が続いて、「あわてなくてもいいですよ。ちゃんと聞いていますよ」という気遣いを示すときも、首をかしげるといい。

実践する □

チェック78 メイクが濃すぎるか薄すぎないか?

メイクが濃すぎたり薄すぎると、人目につくものです。わたしは以前、ある女性科学者の上司に、彼女が昇進を果たすには何を改善するべきか意見を聞いたことがあります。すると、その男性上司は、もっと戦略的になり、会議で発言をし、部下の代弁者になるといいと助言してくれました。でも、さらにまだ何か言いたそうだったので促すと、彼は気まずそうにこう言いました。「もう少し化粧をしてもいいかもしれない」。性差別的な意見ともとれますが、組織内の階層を上がろうとする人にとっては貴重な洞察でもあります。

メイクは、宝石やスカーフと同じように人目につきます。過剰でも過少でも、信頼性を落としてしまうのです。

あなたへのアドバイス

●デパートの化粧品売場に行って、適切なメイクをしている販売員にメイクの仕方をアドバイスしてもらおう。
●顔立ちに合ったメイクをしている同僚か友人に、あなたのメイクについて意見を聞こう。
●なるべくメイクをしたくなかったら、友人か販売員に勧められた最小限のものから始めよう。
●鏡に背を向けて立ち、ぱっと振り返って顔を見たときに、最初に目につくのはどこ？　おそらくそこが、化粧をもっと薄く、あるいは濃くするべき場所。

実践する □

チェック79
仕事に合わない髪型にしていないか？

髪型について、女性がおかすもっとも一般的なまちがいは、長くしすぎることです。わたしの会社のコンサルタントのひとりは、以前に働いていた病院で、今後昇進するためにどうすればいいかを男性幹部に聞いたことがあるそうです。そのときその幹部は、腰まで伸びた彼女の美しいストロベリー・ブロンドの髪を見て、「不思議の国のアリスのような外見はやめるんだね」と言ったといいます。
この言い方がいいかどうかはともかく、「フィードバックは貴重な贈り物」というのは本当です。彼女は男性の多い職場でロングヘアーにしていることで、女性であることを強調し、信頼性を落としていました。彼女が昇進できたのは髪を切ったからかどうかはわかりませんが、本人は、髪を切ってから周囲の人の態度が変わったと認めています。

あなたへのアドバイス

●いい美容師を見つけるのにケチってはいけない。低料金の店は、有能なプロを見つけるのに最適なところとはいえない。
●髪の長さは年齢と反比例させよう。概して、年をとって組織内での階層が上がるほど、髪の毛は短くするべき。そのほうがプロらしく、かつ若々しく見える。
●髪を切りたくなかったら、すっきりとアップにまとめよう。
●メイクと同じく髪型も、全体の中でバランスをとるよう心がけること。
●白髪が出てきたら染めたほうがいい。男性は白髪混じりでも気品があると見られるが、女性の場合は必ずしもそうではない。
●コラムニストのメアリー・ミッチェルは、「成功のための装い」という記事で、次のふたつの助言をしている。
①大きく広がったり、いかにも手間をかけたような髪型は、太ももまでスリットの入ったスカートをはいているようなもの。素敵に見えて、なおかつプロらしい髪型にすることは可能なはず。全体として洗練された装いを目指そう。
②肩書きにかかわらず、職場の雰囲気にスタイルを合わせること。ロサンゼルスの高級ホテル「ベルエア」では、従業員全員が、洗練されながらも目立たないことを要求されている。人事マネジャーのアントワネット・ララは従業員たちに「土

曜日の夜にクラブに行くときの髪型を考えなさい。仕事に来るときは、その逆の髪型にしてきなさい」と言っている。

実践する□

チェック80 場違いな服装をしていないか？

全般的に職場がカジュアルになり、服装の許容範囲も広がった昨今では、「今している仕事ではなく、やりたい仕事にふさわしい服装をしなさい」という金言にさえ従っていれば、おおむねまちがいはないでしょう。ただし、誘惑的な服やサイズの合っていない服、汚れた靴はNGです。いずれも、見苦しいだけでなく、ビジネスの世界での成功を遠ざけます。人はあなたの服のデザインだけでなく、品質も見ていることを忘れてはいけません。
ときには、このルールの例外者もいます。ある証券会社には、非常に保守的なドレスコードがあるのですが、それをことごとく破っている女性がいました。でもよく聞いてみると、その女性はきわめて優秀なうえに、長年この会社に勤務していて、変わり者として通っていました。

つまり、彼女の服装や態度は、そうした特別な存在価値によって許容されていたのです。
残念ながら、大半の女性はそういきません。彼女はあくまでも例外、真似しないほうが身のためです。

あなたへのアドバイス

●あなたの組織の上層部にいる女性たちを観察しよう。そして同じように装おう。
●あなたの職場がいくらカジュアルな装いを認めていても、周囲の人たちより少しだけ上等の服装をするように心がけよう。
●プレゼンをするとわかっているときは、ドレスアップしよう。ワンピースかスーツを着れば、まずまちがいない。
●デパートの、働く女性向けの洋服売場に行って、プロからアドバイスしてもらおう。
●服を買うことは将来への投資だと考えよう。充分な予算を投じて、一年に数着、質のいい服を買おう。いい気分になれる装いをしていれば、おのずと自信をもって行動できる。
●自分のパーソナルカラー［肌や髪や目の色によって変わる、その人にいちばん映える色］を知っておこう。容貌をうまく補完してくれる色を身につけると、思った以上の効果がある。

実践する □

チェック81
奇妙な座り方をしていないか？

南カリフォルニア大学スクール・オブ・ビジネスの教授、ドクター・ダグ・アンドルーズは、広い年齢層の学生を対象に講義をしていますが、多くの女性が、座るときに片方の足を折ってお尻の下に敷くことに気づいたといいます。男性がそうするのを見たことはなくて、幼い女の子のような印象を与えるという話でしたが、まったくそのとおりです。
テレビのトーク番組でも、女性ゲストが登場して司会者の隣の席に座ると、片足を折ってお尻の下に敷くのを見ることがあります。キュートかもしれませんが、大人の女性のふるまいとしてはふさわしくありません。

あなたへのアドバイス

●相手に真剣に対応してほしかったら、両足を床につけて、膝をそろえて座ること。場がリラックスしているときは足を組んでもいいが、それ以外のくだけた座り方は謹むように。

実践する □

チェック82 人前で身だしなみを整えていないか？

男性が昼食後に鏡を取り出して、髪を直すのを見たことがありますか？　会議中に爪をやすりで磨くのは？　考えただけでも滑稽です。あなたがどんなにこっそりしているつもりでも、こういう行為は人目を引き、周囲の記憶に残ります。

もうひとつ、女性によくある癖に、長い髪を後ろに払うというのがあります。何かを読むために下を向いたときかもしれないし、男性の気を引くためかもしれませんが、この仕草は、その人を実際よりも未熟に見せます。

人前で身だしなみを整えると信頼性が損なわれる――この事実を覚えておいてください。

あなたへのアドバイス

●人前で髪をとかしたり口紅を塗ったりしないこと。どうしても必要なときは、席をはずして化粧室に行こう。
●身づくろいのために化粧室に行っても、短時間で済ませよう。同席の人を待たせてはいけない。できるだけ、オフィスに戻るまで我慢するのが望ましい。
●ガラスなどに映った自分の姿を見ておかしなところに気づいても、その場で直さないこと。人に見られずに直せるときまで待つのが正解。
●不必要に髪に触るのはやめよう。〃一回触るたびに一年分の信頼が減る〃と心得よう。

実践する □

会議中、テーブルの下に手をおいていないか？

チェック83

会議の席では、食事の席のように、テーブルに肘をつくなというルールはありません。会議中の男性の座り方を観察してください。自信のある男性は、発言するときテーブルの上に肘や手をついて身を乗り出します。また、人の話に興味を持つと、テーブルに肘をつき、組み合わせた手の上に顎《あご》を乗せたりします。
女性はどうでしょう？　両手を膝の上かテーブルの下にそろえて、おとなしく座っていることが多いのではないでしょうか？　ちがいは明らかです。最初は慣れないかもしれませんが、真剣な印象を強めたいなら、手はテーブルの上におくようにしましょう。そうすれば、会話に熱心に参加しているように見えるだけでなく、必要に応じて効果的な身振りもできます。

あなたへのアドバイス

●次の会議からさっそく、少し身を乗り出し、腕を机の上におき、両手を軽く組んでみよう。
●会議に関して別の助言をひとつ。できれば、出席者の中でもっとも有力な人物の隣に座ろう。力というのはそばにいる人間にまで広がるもの。あなたが力を恐れないというメッセージを発することにもなる。
●さらにもうひとつ。テーブルの上座に座るのを恐れないこと。上座からは出席者全員が見えるし、全員からもあなたが見える。

実践する
□

チェック84 首から眼鏡を提げていないか？

女性はなぜ、老眼鏡を使うようになると、チェーンをつけて提げるのでしょう。女性は男性よりも眼鏡をなくしやすいのでしょうか？　それとも年をとったという事実に注意を引きたいのでしょうか？

ある五〇歳代の女性は、プレゼンのスキルを磨くワークショップで、三〇分間の演習中ずっと眼鏡をいじっていました。実際に眼鏡をかけることは一度もなかったので、彼女にとってその眼鏡は必需品ではなく、アクセサリーのようなものだったのでしょう。

その良し悪しは別として、この社会では、女性は男性とちがい、年齢とともに信頼性が増すことはあまりありません。年齢を隠せとは言いません。でも、強調する必要もないはずです。

あなたへのアドバイス

●資料が見えないかもしれないという心配があるなら、眼鏡なしでも読める大きさの文字で印刷しておこう。パワーポイントを使ったプレゼンなら、眼鏡をかけたりはずしたりすることなく、話題の中心でいられるはず。
●何かを持っていたければ、マーカーや鉛筆にしよう。ただし、それをくるくる回したり、机に打ちつけたりしないように。注意がそがれる。
●わたしは近眼でコンタクトレンズを使っているが、頻繁にかけたり外したりしないで済むよう、レンズの下だけ老眼鏡の眼鏡を愛用している。便利なのでお勧め。
●眼鏡ついでにもうひとこと。実際より若く見えるせいで軽く扱われがちな人は、眼鏡をかけると落ち着いた大人の雰囲気をかもし出せる。

実践する □

チェック85
アクセサリーが目立ちすぎていないか?

アクセサリーは最高の友にも、最悪の敵にもなります。先日、オルブライト元国務長官がスピーチしている姿をテレビ会議で見ましたが、彼女のトレードマークである大きなブローチのせいで、わたしは少しもスピーチに集中できませんでした。ドレスはその場にふさわしいものだったにもかかわらず、彼女が話しているあいだずっと、その内容よりも、ブローチがなんの形かが気になってしまったのです。

わたしの場合は、固苦しい印象を和らげるためにアクセサリーを利用しています。たとえば、遊び心のあるアクセサリーをさり気なくつけることで、〝真面目だけれど楽しむことも大好きよ〟というメッセージを伝えられます。もちろん、くだけすぎているという意見があれば改めます。

慎重に選べば、アクセサリーは保守的な服装に個性を加味できるので重宝します。それだけで、言葉や態度では伝えられないメッセージを表現できることもあるのです。でも不適切だったり過剰だったりすると、信頼性を失います。あなたはアクセサリーで何を伝えたいでしょうか？　よく考えて上手に利用しましょう。

あなたへのアドバイス

●長くぶらさがるイヤリングは、職場には似合わない。体格や髪の長さ、職種にもよるが、硬貨より大きいイヤリングも避けたほうがいい。
●真珠のネックレスとイヤリングを手持ちのアクセサリーに加えよう。けっして流行遅れにならないので便利。
●アクセサリーは、服装だけでなく、その日の仕事にも合わせよう。たとえば、変わったブローチは、同僚との会合にはいいかもしれないが、戦略的な計画のプレゼンには向かない。
●大人数を相手に話す場合は、大きなアクセサリーでもいい。ただし、オルブライト女史のようなまちがいはおかさないように。
●メイクのチェックをするときと同じように、鏡に背を向けて立ち、ぱっと振り返って、何か目につくアクセサリーがあったら、それは変えたほうがいい。

実践する □

チェック86 視線を逸らしていないか？

人が相手と視線を合わせない理由はさまざまです。文化によっては、目上の人と話すときは視線を合わせないのが礼儀だと考えられていますし、人は嘘をつくとき視線をそらすという調査結果もあります。

女性の場合、視線を合わせないのは、たいてい居心地が悪いか自分に自信がないときです。でも、これは正すべきです。目は心の窓です。あなたは、そこから相手に自分の誠実さや自信を見せ、また自分も相手の心の中を見なければいけません。

テレビで、女性キャスターがインタビューする様子を観察してみてください。彼女たちは、視線をうまく使う技を身につけていることに気づくはずです。たとえば、答えにくい質問をするときは、まっすぐ相手の目を見つめ、困惑したり相手の発言に不意をつかれたりしたときは、目を逸らしています。また、相手の目を見ることで考えを読み取り、巧みに次の質問を展開しています。

テレビのインタビュアーでなくても、視線をうまく使うテクニックは役に立ちます。ぜひ、参考にしてください。

あなたへのアドバイス

●映画の中で、自信に満ちた女性が視線でメッセージを伝える様子を観察しよう。
●逆に相手を見つめすぎる癖があるなら、答えを考えるあいだ、視線を少し上げるか横に逸らすようにしてみよう。たぶん、ちょうどいい視線になる。
●挨拶をするときは、必ず相手の目を見よう。それだけで、相手と対等の立場に立つことができる。

実践する □

8章

対応のしかた

ここまでは、あなたの信頼性を向上させるために、普段の言動をチェックしてきましたが、この最終章では、さまざまな人のあなたへの扱いにどう対応すればいいかをお教えしましょう。

女性の多くは、不適切な扱いを受けたときも、丁寧で従順な対応をするように教えられてきました。ある女性は七、八歳のとき、年上のいとこたちとよく映画を観に行きました。ある日、隣に座った男が彼女にいたずらを始めました。数分のあいだは我慢していましたが、とうとういとこに、「席を移ろうよ」と言いました。でも、理由は言えませんでした。彼女たちは別のところに座りましたが、なんと男も一緒についてきて、ふたたびいたずらを始めました。結局、彼女は映画が終わるまで何もできませんでした。

その女性が、自分はなぜあのとき、男にやめるように言わなかったのか、いとこに助けを求めもしなかったのかと考えたのは、何年もたってからでした。

残念なことに、彼女のような対応は珍しくありません。女性は、誰かに無礼なことをされたら即座に自己防衛しなさいとか、怒りなさいとは教えられません。怒りに関して、男の子と女の子に与えられるメッセージはちがいます。男の子は自己防衛のすべを教えられることが多いのに、女の子は耐えて受け入れるように教えられがちです。結果として女性は、許すべきでない行為まで我慢してしまうのです。

子どものころに教えこまれたこうしたメッセージは、自分の中で適切に正していかなければなりません。それが、みずから責任のある人生を生きるための大きな一歩になるのです。

チェック87 親の期待に影響されすぎていないか？

親は子どもに対して、さまざまなメッセージを発しますが、それらの多くは一生ついてまわります。問題なのは、そのメッセージが子どもの自尊心や自己イメージに少なからぬ影響をおよぼすことです。「お父さんにそっくりね。きっとろくな人間にならないわ」とか、「なんてかわいい女の子なの。大きくなったら結婚して、たくさん子どもを生むのよ」などという親の言葉に、子どもは精一杯応えようとしてしまいます。メッセージは言葉によるとはかぎりません。ときには、暗黙のうちに、どういう言動をとるかを期待されていることもあります。

わたしのコーチングの多くは、子ども時代に受け取ったそうしたメッセージを探り出し、その影響を検討することから始まります。親からのなにげない期待や要求に対して、多くの女性は無意識のうちに過剰に応えています。もはや有効でなくなってからも、そこから脱け出せずにいる人もたくさんいます。

クローディアは七人きょうだいの長女で、両親がともにアルコール依存症だったため、弟や妹の面倒を一手に引き受けていました。他のそうした家庭の子どもたちと同じで、クローディアも用心深くて責任感が強く、常に弟や妹を守ろうと意識していました。

その姿勢は大人になっても変わらず、彼女のキャリアの初期にはそれが有利に働きました。クローディアはチームのなかで主導権を握り、メンバーの面倒をみて、常に問題を把握していると周囲から評価されました。

しかし、次第にその姿勢が彼女の障害になっていきました。かつては問題を把握していると評価された態度が、今度は批判的すぎると見られるようになりました。新人に対する面倒見のよさは、でしゃばりで支配的だと思われ、最大の強みであった主導性は、スタンドプレーと解釈されるようになったのです。

そこで、わたしの出番となりました。クローディアは子ども時代に受けた期待に影響を受けすぎていたので、わたしは彼女に、その態度をすべて改めるのではなく、別の行動スタイルも身につけて、状況に応じて選択できるように指導していきました。たとえば、いつも難しい仕事を買って出るのをやめ、自分以外のメンバーもこの仕事でいい経験ができるかもしれないと考えるように助言しました。実際、些細な問題を他人にまかせるようにするだけで、重箱の隅をつつくような人だと思われずに済むようになるのです。

あなたへのアドバイス

●子ども時代に学んだ教訓のうち、あなたの最大の力の源になっているものは何だろう？　状況に応じてその力を補うとしたら、どんな言動が必要か考えてみよう。
●頭の中には、子ども時代のメッセージを流すテープがある。そのせいで目標を達成できないなら、新しいメッセージを上書きしよう。昔からのメッセージがあまりにも強烈で上書きが難しい場合は、セラピーを受けることも考えよう。
●エレノア・ルーズベルトの有名な言葉がある。「あなたの同意なしに、誰もあなたに劣等感をいだかせることはできない」。これを目立つところに貼って、何度も読もう。

実践する □

チェック88
ほかの人のほうがわかっていると思っていないか？

組織開発コンサルタントのベティは、有名ファストフード・チェーンの本部で組織開発マネジャーを務めたあと、自分の会社を立ち上げました。この経歴でも明らかなように、彼女はその分野の優れたプロです。

ある日、彼女はひとりの男性から、チームビルディングを依頼されました。しかし、男性の話を聞いたベティは、そのチームに必要なのはチームビルディングではなく、対立しているふたりのメンバーを仲裁することだと気づきました。

メンバー間に諍《いさか》いがある場合、いくらチームビルディングのプログラムを実施しても成果は出ません。ほかのメンバーを不要な諍いに巻きこむのがおちです。そこでベティは、依頼者にそのように説明しました。でも彼は、以前にもこのプログラムが効を奏したからと言って聞く耳を持ちませんでした。

多くのコンサルタント同様、ベティはプロとしての判断と、クライアントの希望とのあいだで迷いました。自分の考えを通してビジネスチャンスを逃すか、それとも自説を曲げてクライアントの求めに応じるか？　彼女は最終的に後者を選びました。そして、一二人のメンバーからなる部署で、二日間のセッションをすることに決めました。彼の話ももっともだと思い、とにかくやってみることにしたのです。

しかし、結果は惨憺《さんたん》たるものでした。持ち時間のほとんどは、ふたりのメンバーの仲裁に費やされて終わりました。ベティはふたりのやりとりを、参加者全員が交渉のスキルを学習するチャンスにしようと努めましたが、ほかのメンバーはうんざりして、セッションから気持ちが離れていきました。結局、肝心の諍いも解決せず、大半のメンバーはこの体験を時間の無駄だったと感じて終わりました。

この事例のポイントは、ベティが自分の能力を過小評価して、他人の意見を尊重してしまったところにあります。自分のほうがよくわかっていると言い張る男性の主張を受け入れたことで、彼女の評判には傷がつきました。おまけに、当の依頼人はベティの最初の判断が正しかったと認めるどころか、彼女の不手際だと責めました。

ベティはもっと長期的な視野に立って、この仕事を断わるべきでした。知らないことを素直に認めるのはいいとしても、知っている場合まで自分の考えを信用しないという、女性にありがちな態度はよくありません。まちがっていても堂々と主張する男性を前にすると、ついそれを信じてしまう女性をよく見ますが、もちろん改めるべきです。

あなたへのアドバイス

●誰かの意見を信じる前に、その人の専門知識をはかれるような質問をいくつかしてみよう。「なぜそれを勧めるのですか?」、「どうしてわかるのですか?」などとたずねれば、少なくとも、あなたが御しやすい相手ではないことは伝わるはず。
●ほかの人に意見を訊くときは、その前に、それが本当に必要な質問かどうかを考えよう。答えがわかっている質問をすると、あなたの信望が損なわれる。
●誰かの意見が正しくないような気がしたら、おそらくそのとおり。休憩を要求して、頭を整理する時間を稼ごう。

実践する □

チェック89
コピーとりやお茶汲みばかりしていないか?

今もこの問題で頭を悩ませている女性が、世界のどこかにいるはずです。男性が、「○○さんにノートをとってもらおう。いちばん字がきれいだから」、「○○さん、コーヒーを用意してもらっていいかな?」と言うのを、何度聞いたことでしょう。
わたしはワークショップやセミナーで、「会議でコーヒーをいれろとかノートをとれとか言われたら、どうすればいいんですか?」としょっちゅう訊かれます。答えは簡単です。「応じるのはおやめなさい」。たまにならいいかもしれませんが、いつもこうした頼みごとに応じていると、そのたびに、〝女性の役割はほかの人たちを助けることだ〟という考えを助長することになります。本人も自己嫌悪に陥るか周囲に怒りを感じるだけで、問題の解決は遠のくばかりです。

あなたへのアドバイス

- いつも雑用ばかり言いつけられるとどんな気持ちになるかを上司に話し、順番制にするよう提案してみよう。もし上司が、そんなにたいしたことではないだろうと言ったら、冷静かつ簡潔に、「わたしにとっては重大なことなのです」と答えよう。
- チームの面々の前でコピーやノートをとるように言われたときは、感情的にならずに、前回は私がやったので、今回はほかの方にお願いできますか」と言う練習をしよう。
●会議で必要な作業の一覧をつくり、アシスタントの人にそれらを割り振ることを提案しよう。あなたが〝会議の優れたマネジャー〟であるところを知ってもらう一助になるはず。
●雑用はチームでいちばん新しいメンバーがする、という慣習をつくろう。

実践する □

チェック90
不手際に対する指摘を遠慮していないか？

デブラは、本社財務部の開発担当に異動したさい、幹部フロアに部屋を与えられました。ところが行ってみると、パソコンがありません。ＩＴ部に電話して手配を頼みましたが、いま現在は使えるパソコンがない、一週間後に一台用意できるはずだと言われました。そこでしばらく待ちましたが、二週間たっても届きません。ふたたび電話をすると、ＩＴ部のマネジャーは謝りました。実は妻の出産があったりして、連絡ミスでデブラに行くはずのパソコンがほかの人に回されてしまったというのです。すぐになんとかするとのことでした。

それなのに、わたしが二カ月半後にデブラのオフィスに行ったとき、パソコンはまだありませんでした。彼女はIT部のマネジャーに宛てたメモを見せてくれました。

「忙しくて、手が足りないのはわかります。でも、仕事に必要なパソコンが二カ月半もないのは、少々遅すぎると思います。なるべく早く用意してもらえるとありがたいです」

あまりにも理解があり、控えめで、具体性に欠ける文面です。わたしはさっそく、次のように手直ししました。

「最初にパソコンの手配を頼んでから二カ月半がたちましたが、何度も約束したにもかかわらず、まだ届いていません。仕事に重大な支障が出るので、金曜日までに必ずオフィスに届くようにしてください。それが無理か、実際に届かない場合は、あなたの裁量ではどうにもできないものと考えて、あなたとわたしの上司に支援を求めなければならないでしょう。今後のことを話し合いたいので、今日じゅうに電話をください」

問題をはっきりと述べ、なぜそれが問題なのかを説明し、希望を明確にしたうえで結論を言う——チェック68で提案した手順どおりです。

あなたへのアドバイス

●護身術を習ってみよう。肉体的に自分を守る方法がわかると、言葉によって自分を守るすべも身についてくる。
●〝あなたは……〟で始まる言い方ではなく、〝わたしは……〟で始まる言い方をしよう。〝あなたは……〟という言い方は対立的になるので、問題解決よりも糾弾に近い響きになってしまう。「あなたはいつでも話を遮《さえぎ》るわね！」ではなく、「わたしは最後まで言わせてもらえるとうれしい」と言おう。「あなたはわたしにそんなことはできないはずです」ではなく、「わたしはこの扱いが不本意です。いくつか代案を出させてください」と言おう。
●感情を抑えこまないこと。我慢しても、いずれどこかで噴出する。敬意の感じられない扱いを受けたら、今どんな気持ちかを自問して、それを〝わたしは……〟の形で表現する習慣をつけよう。
「わたしはそんなふうに言われると、子ども扱いされた気がしてしまいます」
「わたしは考えを無視されると、ばかにされた気がします」
「わたしは利用されているように感じます」
「わたしはなぜ要求が通らないのか、理由を聞かせてほしいのです」
●その場で反応できなくても、不適切な言動を問題にする権利を失うわけではない。

不意をつかれると、うまい言葉が出てこないことがある。そういう場合は、あとで当人に、「昨日のことを考えていました。わたしがどう感じたか、お話ししたいのですが」と言えばいい。

実践する □

チェック91 我慢しすぎていないか？

女性は「待てば海路の日和あり」という格言を信じすぎています。〝せっかち〟という言葉は、男性に向かって使われると常に前進しようとするやり手というニュアンスを含みますが、女性に使われると、なぜか要求が多すぎるとか、物事の進み方がわかっていないというニュアンスになりがちです。そのせいでしょうか？　しかし忍耐にもほどがあります。ビジネスにおいて不必要に我慢するのは、美徳でもなんでもありません。
キョウコは上司から昇進を約束され、待っていれば必ず昇進できると言われました。だから彼女は待ちました。でも半年後、その上司は別の部署に異動することになりました。キョウコが昇進のことを訊くと、後任者が引き継ぐからと言われましたが、新任の上司は、彼女の昇進のことなど何も知らず、考慮する気もありませんでした。

あなたへのアドバイス

●油は軋む車輪にさされるもの。ある企業幹部は、誰かに一度押されても気にならない、二度目もかまわない、でも三度押すのは度が過ぎると言っている。だからあなたも、少なくとも一度は押して、主張したほうがいい。
●誰かにせっかちだと言われても信じないように。あなたを黙らせようとしているだけかもしれない。
●もっと待つようにと言われたら、次にいつその件を持ち出すべきか、相手にたずねよう。もしあまりにも先を指定されたら、あなたの要求を伝えよう。「それはずいぶん先ですね。一カ月後でなく、二週間後ではどうですか」のように。
●必要以上に長く待つように言われたら、「なぜそんなに時間がかかるのでしょう?」とたずねよう。もっともな理由があるかもしれないが、もしなければ、別の提案をしよう。

実践する □

チェック92
将来性のない仕事を引き受けていないか？

男性でも女性でも、どう考えても将来性のない仕事を頼まれることがあります。引き受けるべきか否かは場合によりますが、よく考えもせずに引き受けてはいけません。いい結果になるかもしれませんが、まったく先がないかもしれないことを考慮すべきです。

以前、赤字を出している弱小部署への異動を承諾した若い女性をコーチングしたことがあります。彼女は、その苦しい状況を好転させれば、大きな仕事を得るチャンスになると考えて引き受けたようでした。でも、もう少し事情を調べるべきでした。前任者はその部署が売却されるという噂を聞いて退社していたのです。彼女が異動してから八カ月後に売却が正式に発表されました。彼女は今までよりはるかに小規模で認知度の低い会社で働くはめになりました。なぜ、彼女に異動が打診されたのでしょう？　女性で、若くて、世間知らずだったからだと考えざるをえません。

あなたへのアドバイス

●いかなる仕事であっても、よく調べずに引き受けたりしないこと。その部署について会社がどんな計画を立てているか、そこが社内でどう考えられているか、なぜそのポジションが空いているのか、そのポジションにつくことで、将来どんな仕事が見こめるかなどを確かめよう。
●他人が失敗したり手こずったりした仕事は、引き受けるよりも断わるほうが賢明。実態を把握するためにも、事前に調査しよう。
●先がないと思われる仕事を引き受けるかどうかを決めるさい、以下の項目が当てはまれば、利点としてカウントしていい。
①上級幹部に接近できる。
②一年から一年半で発展する可能性がある。
③あなたには行き止まりを高速道路に変える特別なスキルがある。
④人脈のネットワークを広げられる。
⑤あなたに失うものは何もない。
●横滑りの異動は慎重にしよう。新しいスキルを身につけるいいチャンスにはなるが、昇進が遅れる可能性もある。昇進自体が少ないか組織構造自体がフラットになりつ

つあるのであれば、横滑りでもいい異動といえるが、そうでなければ、同じポジションの男性の処遇がどうだったかを調べて、同等の待遇を要求したほうがいい。

実践する□

チェック93
自分より人のニーズを優先していないか?

女性はよく、自分よりも周囲の人のニーズを優先します。両親の世話をする、夫の勉学が終わるまで自分は我慢する、子どもの都合で予定をキャンセルする……他人の都合を大切にするのはよいことです。でも、こうした行為は共通の結果を生みます。そう、あなたのニーズが満たされないのです。もちろん、そうするのが正しい場合もありますが、いつでも自分をあとまわしにするのが当たり前になっていたら、どうしてそうなったのか考えてみるべきです。そのほうが容易だからとか、波風を立てたくないからというだけなら、改めてください。

仕事の場では、財源や役得、チャンスなどに限りがあるときにこの状況が生じがちです。女性は公正あるいは親切であろうとして、自分の要求を棚上げするか、期待するもののレベルを下げてしまいます。そのうち自分には最初から選択肢がないような気分になって、その状況をみずからが生み出したことにも気づかなくなるのです。

あなたへのアドバイス

●自分には何が必要か、何が欲しいのかを定期的に自問して、きちんと把握しておこう。女性は自分の要求をあとまわしにするのに慣れてしまって、もはや何が欲しかったのかわからなくなることが多い。
●通勤途中に二〇分ほど寄り道をして、自分のために何かしよう。図書館で新聞を読む、公園で音楽を聴く、携帯電話で友人と話す……何でもかまわない。
●交渉術を学ぼう。本を読むなり講習を受けるなりして、さまざまな交渉のテクニックに親しむ努力をしよう。たとえばあなたは、多くを要求する人が結局は多くを得ると証明されていることを知っているだろうか？　要求をサラミのように切り分けて、一度にひと切れずつ求めていくと、最終的にすべてが認められる可能性が高いということは？
●心から信じられるようになるまで、「自分のニーズを叶えるのは利己的なことではない」と自分に言い聞かせよう。

●家に帰りたくなるような、仕事以外の生活を持とう。仕事中毒という言葉は、しばしば充実した人生を送っていないことの言い訳にされている。
実践する□

チェック94
自分の力を否定していないか？

わたしは以前、心理セラピストとしてロサンゼルスの繁華街にオフィスをかまえていました。市内の企業に勤務する、多くの働く女性のために仕事をしたいと思ったからです。当時のクライアントは、いずれも教養ある成功した女性たちでした。でも、彼女たちにはほかにも共通点がありました。それは、〝自分の力を自覚できていない〟ということでした。

仕事の場で利用されたり無視されたりしてひどい扱いを受けたという話を聞くたびに、わたしは「あなたのような力のある女性が、どうしてそんな扱いを許しておくんですか？」とたずねましたが、反応はみな同じでした。彼女たちは、自分に力があるということを否定しました。「力があるですって？　わたしにはそんなものはありません」。これが典型的な答えでした。

わたしの最初の著書『女性の怒りと憂うつ』（現代書館）は、この現象を主題にしたものです。深く検討しているうちにわかったのは、女性が自分の力を否定する原因は、成長期に教えこまれたメッセージにあるということでした。普通、力は男性と結びつけられています。女性は、力は管理する側のものであって、自分自身にはないと思っています。

ジャニータもそのひとりです。彼女はロサンゼルスの信望ある法律事務所で働く弁護士でしたが、就職後五年近くたって、行き詰まりを感じるようになりました。あとから入った経験の浅い男性弁護士が注目度の高い事件を担当し、自分より多くの事務職員も使いはじめたからです。無理もないことですが、彼女は次第に気持ちが沈み、自分が無能であるという意識にとらわれるようになりました。さらには鬱状態になり、大きな仕事を担当することが減ると、鬱はさらに悪化しました。

ジャニータと一緒に、ほかの弁護士たちが優遇される理由を探っていたとき、彼女は、法律事務所は昔ながらの男社会だからあきらめるしかないと言いました。すっかり無力感に苛《さいな》まれ、いくら「あなたには、自分で考えている以上に力があるはずよ」と言っても、すぐに否定しました。

実は、メキシコ移民の父親のもと、六人きょうだいの中で唯一の女の子として育ったことが、ジャニータに大きく影響していました。男の子が尊ばれる家風で彼女はずっと〝ただの女の子〟として扱われてきたのです。

ジャニータは、力というものを定義し直さなければなりませんでした。それまでの彼女にとって、力とは父や兄弟にあるもの、そして自分にはないものでした。わたしは時間をかけて、力にはさまざまな形があることを彼女と話し合いました。その中で、女性にとっての力とは他人をコントロールすることではなく、自分自身の人生をコントロールすることだと言いました。自分の力を否定したら、自信を失い、そのうち本当に力がなくなってしまいます。

その後、ジャニータは何カ月もかけて少しずつ、家族と上司の両方に自分のニーズを表現していけるようになりました。すると、鬱状態も徐々に改善してきました。彼女は、自分の人生に責任を持つという力の本当の意味を理解したのです。

あなたへのアドバイス

- わたしの著書『女性の怒りと憂うつ』を読んでみよう。子どものころに教えこまれた力と怒りについての認識を深めるのに役立つだけでなく、それより強い力で自分を表現する方法を見つけ出す手助けになる。
- 力を定義し直して、これまでよりもっとうまく自分で事態をコントロールできる方法を考えよう。他人に利用されていると感じたら、「やめてください」と言っていい。理不尽な要望には、「いやです」と答えていい。あなたの力を取り戻そう。
●力についての認識を改めるようなメッセージを口にしたり、書き留めたりして自分に言い聞かせよう。「わたしは自分が思うとおりの力を持っている」、「自分の力は自分が決める」などと紙に書いて、机のそばにこっそり貼ったり、会合に持っていく書類入れにしのばせておくのもいいだろう。
●誰かから力があると言われたら、その褒め言葉をありがたく受け入れよう。その時点では、そう感じられなくてもかまわない。受け入れる姿勢でいれば、時がたつにつれて信じられるようになる。

実践する □

チェック95 スケープゴートにされていないか？

有名な玩具メーカーで人事マネジャーをしているイーヴァは、気難しい上司に悩まされている女性従業員の相談にのっていました。そんなある日、自分の上司（人事担当副社長）から電話があって、問題の女性の上司（やはり副社長）が女性を解雇したがっていると言われました。イーヴァは女性の上司と話し合う場を設けたいと思いましたが、副社長がそのお膳立てをすると言ったので、まかせることにしました。

ところがその後、なかなか連絡がありません。副社長に電話やEメールで問い合わせましたが、返事はもらえませんでした。周囲の話では状況が改善されたようだったので、イーヴァは、きっと話し合いの必要がなくなったのだろうと思いました。

するとあるとき、例の女性の上司から、すぐ来るようにと呼び出されました。何事かと思いながら行ってみると、そこには自分の上司もいました。女性の上司はイーヴァが話し合いのお膳立てをしなかったと言って怒っていて、それから四〇分間、彼女を責め続けました。その間、イーヴァの上司は黙って座っていました。

これは厄介な状況です。もしイーヴァが正直に、話し合いの手配は人事担当副社長がするはずだったと言ったら、上司の支持を失う危険があります。しかし言わなかったら、イーヴァはスケープゴート（身代わり）になります。どちらも困ります。彼女は迷いに迷った末、ふたりの副社長から嫌われるよりスケープゴートになるほうがましだと決めました。

あなたへのアドバイス

●スケープゴートになるのは嫌だということを、うまく伝えられるようになろう。イーヴァの場合、会合のあとで上司と話し、上司の姿勢を指摘するべきだった。糾弾や非難はせず、たとえばこんなふうに。「さっきは困惑しました。わたしはずっと、副社長が会合の手配をなさるのだと思っていました。何度かメッセージを残したのですが、お返事をいただけませんでした」。本来なら、この上司がまちがいを認めて謝るべきだが、会合で黙って座っていたくらいだから、それは望めそうもない。むしろ、彼女が確認するべきだったと言って責任を転嫁する可能性のほうが高い。いずれにしても、スケープゴートになるのは嫌だと伝えるのが、再発を避けるための最善策。もう二度と起きないとは断言できないが、責めを負うのを喜んでいないことは知らせるように。
●スケープゴートにされるのを避ける言い方には、次のようなものがある。
「誰が悪いのかつきとめる必要はありませんが、わたしはきちんと指示に従ったということはお伝えしておきます。それと、今後どうするかを考えたほうがいいと思うのですが、いかがですか?」

「あなたがやりたくないようでしたら、わたしが報告書を書き直します。ただ、秘密情報に関わる方針に基づいて準備したことは、はっきりさせておきます」

「関係者全員が集まってプロセスを見直したら、わたしとしてはとても助かります。最終製品についての考えが部によってちがうようですから」

実践する □

チェック96

既成事実を甘受していないか？

あなたのオフィスが配置替えをすることになったとします。あなたのポジションには、窓のある広いオフィスがふたつと、それよりも狭くて窓のないオフィスが三つ用意されています。フロア・プランを見ると、あなたは狭いオフィスを割り当てられ、窓のある広いオフィスには自分より社歴の浅い男性が入ることになっていました。そこで、配置を決める部署に異議を伝えましたが、「もう遅いですよ。間取り図は業者に回されていて、来週には電話やパソコンが設置されるんですから」と言われました。さて、あなたはどうしますか？
相手の言い分は、要するに、「既成事実だから受け入れろ」ということです。これは、予定を変えたくないときによく使われるテクニックです。交渉術としても使われます。たとえば保険会社は、支払請求をするといきなり小切手を送ってきます。こうすれば、顧客は金額について争う手間をかけるより、すぐに現金化するほうを選ぶだろうと見こんでいるのでしょう。
一般に、女性は男性よりもはるかに既成事実を受け入れやすいようです。予想より低い勤務評定や、希望とは異なる休暇の時期などを受け入れ、交渉もしないまま、本来認められるべき権利を放棄します。おまけにそれを勝手に正当化し、自分に見合うものだと信じこんでしまうのです。大人の女性のすることではありません。次のアドバイスを参考にして、ぜひ交渉のスキルを高めてください。

あなたへのアドバイス

●自分にとって大事なことについて闘わないまま、本来より低い待遇を受け入れないこと。小さなことにこだわっても最終的に負けてしまうなら意味はないが、原則は譲れないということもある。
●不満を伝えるときは、必ず解決法を用意しておこう。前記のオフィスの例なら、こう言えばいい。「電話はまだ動かしていないんでしょう？　では、間に合いますね。部屋は年功など客観的な要因に基づいて決めるべきだと思いますよ」
●既成事実という主張に対抗するには、〝壊れたレコード〟作戦が効く。言い方を変えて、必要なだけ何度も懸念を繰り返そう。たとえば次のように。
相手：もう遅いですよ。間取り図は業者に回されていて、来週には電話やパソコンが設置されるんですから。
あなた：電話はまだ動かしていないんでしょう？　では、間に合いますね。部屋は年功など客観的な要因に基づいて決めるべきだと思いますよ。
相手：そうはいっても、間取り図や変更箇所などは全部、もう業者に送ってあるんです。
あなた：面倒かもしれませんが、実際の作業は始まっていないのですから、公平な部屋割りに基づいた調整は、まだ可能でしょう。
相手：計画を変える時間なんて、もうないですよ。
あなた：公正な部屋割りをしようという合意ができれば、いくらでも協力します。
相手：わたしの一存で変更するわけにはいきません。
あなた：誰ならできるんですか？　その人に話をしに行ってもいいですよ。あなたも一緒に話されてはどうですか？

この作戦で必ず望みどおりの結果が出るとは断言できないが、怒りや批判をこめずに言えば、その見こみは大きい。

実践する□

チェック97 他人のミスのとばっちりを受けていないか？

マリアは企業内部の効率をはかる専門家で、社内のさまざまな部署に出向いては、合理化のプロセスについて助言をしています。あるとき上司から、工場で訓練プログラムの概略を欲しがっていると言われました。そこでそのとおりに用意していったところ、工場のマネジャーから不満をあらわにされました。彼が実際に望んでいたのは、訓練プログラムの完全なカリキュラムだったのです。
事実を知ったマリアは、上司に確認の電話を入れました。すると上司は、そのまま続けて相手の希望どおりの仕事をしろと言いました。マリアは唖然としました。彼女は多忙で、新しいプロジェクトを用意する時間などなかったからです。それでも上司が相手の意向に添うようにと言うので、彼女は、その後の数週間、夜も週末も休みなく働くことになりました。

マリアはこのとき、二度とこんなことが起こらないようにしようと決心しました。そこで、上司から次に連絡を受けたとき、こう言いました。「相手の要望をはっきりさせてください。先月のように準備不足で出向くのは避けたいのです」。さらに、仕事の内容を復唱し、「もし現場に行ってみて、予想より複雑で時間のかかる仕事だとわかったら、プロジェクトの予定を組み直す必要があることを、そちらからも言っていただけますか？」と言い添えました。

完璧です！　前回の出来事を苦々しく思っていたマリアは、上司が事実を確認し忘れたことのとばっちりを再び受ける気はないことを、じつにうまく伝えました。相手の行動を直接コントロールすることはできなくても、このように、同じ迷惑が繰り返されるのを避ける工夫はできるのです。

あなたへのアドバイス

●他人の過ちで生じた負担を受け入れるかどうかは、リスクをよく考えてから決めよう。マリアのように、相手の要望に合わせざるをえないときでも、「最初に話し合って合意したものとちがうようですね。計画を練り直すには、当初の予定以上の時間がかかりますから、お約束した期限内に終わらせるのは無理だと思います」などと言って、了承してもらうことはできる。
●自分だけが犠牲を払う前に、ウィン・ウィンになる解決方法を交渉しよう。たとえば、「自分としては最良のプログラムを提供したいのですが、そのためにはもっと時間やリソースが必要です」というように。まっとうに仕事をするためには、その実現に必要なものをきちんと要求すること。

実践する□

チェック98 発言を躊躇していないか？

これは女性の大問題です。わたしは二〇年以上ものあいだ、ワークショップやチームビルディング・プログラムを実施してきました。その中に、参加者に問題と解決のための大まかな指示だけを与えて彼らの反応を観察する、という演習があるのですが、これまでに参加した数千人のうち、男女とも参加している場合、最初に発言するのが女性であったことは片手で数えるほどしかありません。

男性がいるところで身を引いてしまうのは、もちろん大きなまちがいです。小さな会合でも大人数の集会でも、すぐに、そして何度も発言する人は、なかなか発言しない人よりも信頼されますし、リーダーシップに長けていると見られます。
会合で率先して発言をするのは図太いとか傲慢だとか考えるのはやめるべきです。ずっと発言しないでいると、そのあいだにほかの誰かがあなたの考えていることを言って、手柄を譲ることになるでしょう。

あなたへのアドバイス

●ミーティングでは、三番目までには発言しよう。その後も十分から十五分間隔で発言するよう心がけよう。
●最初に発言できなくても、最後の発言者にはぜったいにならないこと。
●発言は、ときには意見でなくてもかまわない。ほかの誰かが言ったことを支持したり、適切な質問をしたり、話題に関してコメントしたりするのも、存在感を示すいい手段になる。

実践する □

チェック99
性差別を持ち出していないか？

わたしは平等雇用の専門家でもあります。平等雇用の促進には、性差別から身体障害者法違反にいたるまで、多くの訴えを調査して対処することも含まれますが、その経験からわかったのは、これらの訴えの多くに共通する本当の問題は、差別ではなく、ずさんな管理にあるということです。ずさんな管理は違法ではありませんから、結局のところ、差別問題として訴えても、その人のキャリアの助けにならないケースが大半です。キャリアをつぶすとまでは言いませんが、助けにならないことはほぼ確実です。

性差別は、女性の雇用における重大な問題です。企業は性差別の訴えに対して必死で対抗してきます。弁護のしようがない場合を除いては、あらゆる手を尽くして、自社の評判、経営陣、そして社員たちを守ろうとします。

わたしは、テキサスでひとりの女性が、上司から性差別を受けたと主張した件を調査したときのことをはっきり憶えています。彼女は、同僚の前で上司にののしられ、侮辱され、恥をかかされたと主張しましたが、二〇人近くの従業員にインタビューしたところ、この上司は彼女だけでなく、全員に同じことをしていたとわかりました。これが弁護の材料となって、会社側が勝訴しました。くだんの上司は、一件落着ののち、軽い注意を受けただけでした。

別の例では、ある女性が、仕事の割り振りで男性の同僚とちがう扱いを受けたと訴えました。わたしの調査では、たしかに彼女は男性とちがう扱いを受け、女性だからという以外の明確な理由はありませんでした。しかし会社側は、上司の判断を弁護しようとしました。彼女は雇用機会均等委員会に訴えを起こしましたが、調査が始まる前に、でっちあげとしか思えない理由で解雇されました。

その後、委員会の調査で彼女に分があるとわかりましたが、解雇の日付にさかのぼって給与や手当も補償されたうえで復職するよう指示が出るまでに、一年近くかかりました。彼女はようやく職場復帰したものの、あまりにも居心地が悪く、結局は自分から退職しました。戦闘には勝ったかもしれませんが、戦争には負けたのです。

このように、正式な訴えであろうとなかろうと、性差別について公に波風を立てると女性には汚名がついてまわるのが現実です。周囲の人の態度が変わり、その女性に対して慎重になります。そしてたいていは、公正に扱われたいという女性の望みの逆になります。性差別を持ち出す前にほかの手段を探るようわたしが強く勧めるのは、そのためです。

あなたへのアドバイス

●性差別があったと主張する前に、客観的な立場から問題に向き合おう。理由ではなく、問題そのものをはっきりさせるのがポイント。たとえば、もし女性だからという理由で昇進が叶わなかったと思ったとしても、すぐにそこを追及するのではなく、上司か人事部に、なぜそのポジションを得られなかったのか、今後よりよい候補者となるためには何をするべきかをたずねよう。
●ひとりでシステムを変えようとしないこと。それをしたら、結局、受難者になってしまう。同じ気持ちの女性とともに対策委員会をつくって客観的に問題を明らかにし、解決方法を提案したほうがいい。
●社内の誰かに性差別について話をする前に熟考しよう。会社にとっては重大問題なので、多くの会社が厳しい方針をとっている。ちょっと差別に言及するだけで、すぐさま徹底的な調査がおこなわれる。ボールが転がりはじめたら、止めることはできない。
●もし本当に職場での性差別が成功の妨げになっていたら、あなたには三つの選択肢がある。①我慢する（これはお勧めしない。自尊心が傷つくだけ）、②正式な社内ルートを使って抗議する（望みどおりの結果が出るかもしれないが、出ないかもしれない）、③退社する（真の意味であなたの裁量でできる、唯一の方法）。
実践する □

チェック100 セクシャルハラスメントに耐えていないか？

セクシャルハラスメントは我慢してはいけません。これは性差別とはちがいます。性差別にあたるか否かは、第三者によって性差に基づいた不当な措置があったかどうかで判断されます。これに対して、セクシャルハラスメントか否かは、当事者が判断します。つまり、性的な好意の求めに応えるかどうか、あるいは性的な言動によって不快な思いをさせられている職場で耐えるかどうかは、女性が判断して決めるのです。セクシャルハラスメントの主張には、性差別のような汚名はついてまわりません。賢明な雇用者の多くは、女性が軽々しく訴えをおこなうわけはないと知っているからです。

労働問題専門の弁護士は、一般的なルールとして、「チャンスは一度だけ認められる」と言います。同僚があなたをデートに誘ったとします。同僚同士のデートは社会的に受け入れられる行為ですから、一度目の誘いは正当化できます。でも、もしあなたが誘いを断わった場合、それ以上の誘いはセクシャルハラスメントと解釈できます。また、上司からの誘いは、そもそも正当化が難しいでしょう。
いずれにせよ、職場関係の人とのデートに関しては、相手に興味がないときには気持ちをはっきりさせておくことが肝心です。

あなたへのアドバイス

- 性的な言動や行為を求める対価型ハラスメントの場合、そうした言動や要求を望むか否かを、はっきりと相手に告げるのが最善策。性的言動で職場の居心地を悪くする環境型ハラスメントの場合は、そういう冗談や風刺やコメントをやめてもらいたいと意思表示すること。一度でも「いやです」とか「やめてください」と言えば、たとえ社会的に認められている行為でも、ハラスメントになりうる。
- それでも相手が改めなかったら、人事部に助けを求めよう。行為をやめてほしいだけで、それ以上追及する気がなければ、人事部が当人に話をして終わりになる。とにかく我慢は禁物。続けさせていたら、一度はあなたも受け入れたという印象を与えてしまう。
●人事部に話したあとも不愉快な行為が続いたり、何らかの報復があったりしたら、社内で正式にセクシャルハラスメントの訴えを起こすことを考えよう。この時点で、あなたの主張に関する調査はおこなわれているはず。相手に対する処分は、口頭での注意から異動あるいは解雇までさまざまある。

実践する □

泣いていないか？

チェック101

遅かれ早かれ、この問題が出るとわかっていたはずです。うれしい、悲しい、腹が立つ……さまざまな理由で多くの女性が泣きます。仕事の場では泣くべきでないとわかってはいても、しかたのないときはあるでしょう。もし泣いてしまっても、少なくともその影響を最小限にとどめ、大人の女性として立ち直る方法を身につけましょう。

あなたへのアドバイス

●怒る代わりに泣いたりしないこと。女性は往々にして、怒ってはいけないと教えられてきたせいで泣く。泣きそうになったら、〝何に腹を立てているんだろう？〟と自問してみよう。
●仕事の場で泣いてしまったら、すぐに中座しよう。そこで泣いていたら、まわりを気まずくしてしまう。一時的にその場を離れれば、同席者がほっとするだけでなく、あなた自身の気持ちを落ち着かせることもできる。「おっしゃることはわかりました。少し考える時間をください。すぐに戻ります」といったセリフを覚えておくといい。
●心理セラピストでビジネス・コーチでもあるスーザン・ピカシアは、クライアントに次の四つのアドバイスをしている。
①泣いてしまったら言葉を継いで、あなたの感情ではなく問題に注意を向ける。
「ご覧のとおり、わたしはこれについて強い感情を持っています。問題を解決するためにも、個別の結果に集中しませんか」のように言おう。
②病院や非営利団体など、より人間的な組織なら少々泣いてもかまわないなどと思ってはいけない。泣くと、感情を制御できないとか、弱いといった印象を与え

てしまう。人は仕事の場で泣くことに対して否定的で、この点に関しては男性だけでなく、女性も同性に同情を示さない。
③もし頻繁に泣きそうになるようだったら、親友、コーチ、心理セラピストとともに心の中を探ってみるのもいいだろう。わたしたちは心に過負荷がかかったり、怒ったり不安だったり傷ついたり、あるいは泣いて当然の理由があると泣いてしまう。よく泣くようなら、考え方がネガティブ、または破滅的になっているのかもしれない。仕事の場で、生きるか死ぬかの問題や、まっとうに対処できないほど劇的なことなどはそうそうない。最悪のことばかり想定するのをやめて、物事をもっと肯定的に考えてみよう。きっと泣く回数は減る。
④誰かに個人的に責められても、挑発に乗らず、相手の態度を変えるようにする。「スタン、わたしの過剰反応ではないわ。これは仕事量の問題で、なんとかしなければならないのよ」などと説明し、会話の中身に焦点を合わせよう。

実践する □

付録

ステップアップのための計画を立てる

計画の伴わない目標はただの夢、目標のない計画は時間の浪費です。ここからは、いよいよ、目標を達成するための計画表を作成します。あなたも実際に行動を起こすときです。実行してこそ、変化が生まれます。

本書を振り返って、「実践する」の欄にチェックを入れたアドバイスをもう一度見てください。それらに共通するものは何でしょうか？　自分が身につければ大きな効果があると思われる言動を、三つから五つ挙げましょう。そして、それを計画表に記入してください。次に、その行動目標を実現するための約束ごとを書きこんでください。次ページにサンプルを示しておきましたので、参考にしてください。

目指す行動の数は増やしすぎてはいけません。一度にいくつもの行動を改めるのは無理です。それに、重要なのは数ではなく、大きなちがいをもたらす行動を選ぶことです。

ウィンブルドンへの出場経験があり、現在はプロテニス選手のコーチをしているジュリー・アンソニーにインタビューしたところ、意味ある変化を生み出す秘訣について、彼女はこう言いました。「ひとつのことに集中すれば、他の変化は自然とついてくる」

たとえば彼女は、選手にグリップと姿勢とフォアハンドを一度に全部変えろとは言いません。グリップを変えさせるだけで、姿勢とフォアハンドも変えるべきだと気づくからです。

同じことがあなたにも言えます。一度に多くを変えようとしなくてもかまいません。ひとつ

ステップアップの計画表

目指す行動	約束ごと	開始日	リソース
●もっと簡潔に話す	●チームの会合のあと、必ず〇〇さんに評価してもらう ●発言する前に、言うことを心の中で整理する	●10月1日	●『話す技術・聞く技術』を読む

のことをうまくやれば、時がたつにつれて、ほかの言動も順に変化するはずです。ステップアップの計画表の三つから五つの項目のうち、ひとつを達成したらそれを消し、次に進めばいいのです。

表の中にある「リソース」という欄には、本やセミナーや雑誌など、身につけたいスキルを得るのに役立ちそうなものを入れてください。失敗するような無理な計画はくれぐれも立てないように。努力は必要ですが、一週間で断念したくなるほどハードルを高くするのは逆効果です。

成長とは、二歩前進して一歩戻るようにして実現していくものです。クライアントからの報告も、常にそういう流れになっています。そうやって進んでいくうちに、最初はまったくコツがつかめなくても、やがて第二の天性、つまり無意識の高い能力が身につくのです。老子の言葉にあるように、「千里の道も一歩から」です。

わたしはそろそろ、あなたとお別れです。わたし自身、そしてクライアントや同僚の経験を伝えられて嬉しく思っています。それらが、少しでもあなたの役に立つことを願っています。

コーチングについて

わたしはこれまで、多くの人がコーチングの助けを得て、すばらしい実績をあげるようになるのを間近で見てきました。

コーチングを受けるかどうか迷っている人は、実際の成果についての統計を聞きたがりますが、わたし自身の会社で集めたデータによると、コーチングを受けた人の約六〇パーセントが一年以内に昇進しています。また、一〇パーセントの人は、コーチングの結果、当時の仕事や雇用主から離れ、自分にもっとふさわしい地位や会社に移っています。また、同じく一〇パーセントの人は、そのままの職に留まって、以前よりはいい仕事をしているものの、継続的に高い業績をあげているとまでは言えない状態です。熱心に参加しなかったか、他の障害のせいで、変化が見られなかった人も約一〇パーセントいます。

成果は、さまざまな要因によっても変わってくるでしょう。たとえば、費用は本人が出すのか、それとも会社持ちか？　後者の場合、最大限の成果を出そうとする差し迫った気持ちは持ちづらいかもしれません。

また、いま現在、自分に合ったポジションにいるかどうか。もしいなかったら、どんなにコーチングをしても、最大限の潜在能力は発揮できないでしょう。さらには、何をゴールと見なすのか？　昇進にねらいを定めるのであれば、その可能性は増すでしょう。現在の地位でよりよ就職い仕事をしたいという目標も、だいたいは実現します。

要因と言えば、コーチも重要です。過去一〇年間、この分野ではコーチの需要が爆発的に増大しました。しかし、プロの組織として基準が整ったのは比較的最近なので、優秀なコーチもいるいっぽう、クライアントにビジネスの微妙なニュアンスを教えるに足る経験を積んでいないコーチもいます。

どんな分野もそうでしょうが、コーチングの世界にも、さまざまな経験と専門分野の持ち主がいます。わたしとしては、お金を投じる前に、コーチに以下のような質問をすることをお勧めします。

- この仕事をして何年になりますか?
- コーチになる前は、何をしていましたか?
- コーチングのための特別な学業証明書や免許状を持っていますか?
- プロのコーチング組織のメンバーですか?
- コーチングを受けると決める前に、参考意見を聞けるような、現在あるいは以前のクライアントを紹介してもらえますか?
- 料金には、どんなサービスが含まれていますか?
- あなた自身は、どんな分野のコーチングの専門だと思っていますか?
- 企業内で働いた経験がありますか、それとも最初からコンサルタントだったのですか?

これらの質問に対する答えで、相手が訓練を積んだプロか、ビジネスの下地がほとんどない新人かがわかるでしょう。とくにビジネスの下地は不可欠だと思います。わたし自身、コーチを雇う際はこの点を重視します。この分野には心理学者もたくさん進出していますが、彼らの多くは職場の力関係を理解するのに必要な実体験が欠けています。ストレスや人間関係に関わる問題については詳しくても、企業内での現実的な生活の経験がなければ、成功に導く微妙な秘訣を教えるのは難しいかもしれません。

ワークショップと訓練プログラムについて

コーチと同じように、ワークショップの質もさまざまです。一般向けのワークショップを扱う会社もあれば、企業が自社の従業員のためにおこなうワークショップを専門に扱うコンサルティング会社もあります。
どんなプログラムでも、その目的は、ある特定の分野でのスキルを高めることです。次に挙げるのは、訓練プログラムに参加して最大の効果を得るためのアドバイスです。

●最終的にどんなスキルを得たいのかを設定しておきましょう。

●前列に座りましょう。そうすればあなたが意識を集中できるだけでなく、あなたも注目してもらえます。
●積極的に参加しましょう。わたしは訓練する側として、もっとも積極的に参加する者が最大の結果を得るということを知っています。
●遠慮せずに質問しましょう。個人的な質問でもかまいません。主宰者は、プログラムを貪欲に利用しようとする参加者を歓迎します。
●主なテーマについて、将来職場で使えるような梗概をつくりましょう。同僚と学習経験を分かち合うつもりで臨めば、参加の仕方も変わってきます。
●プログラムが終了したら、上司に参加させてもらったことのお礼を言い、内容を話し合いましょう。そうすれば、きっと今後も参加できるようになります。

ブックガイド

『「いい子」をやめて、金持ちになる』ロイス・P・フランケル（ソフトバンククリエイティブ）
『女性として、人間として』メアリー・C・ベイトソン（ティービーエス・ブリタニカ）
『話す技術・聞く技術』ダグラス・ストーン他（日本経済新聞出版社）
『とにかくやってみよう』スーザン・ジェファーズ（海と月社）

『決定版　ハーバード流〝NO〟と言わせない交渉術』ウィリアム・ユーリー（三笠書房）
『会社のルール』パット・ハイム（ディスカヴァー・トゥエンティワン）
『ダヴィンチ7つの法則』マイケル・J・ゲルブ（中経出版）
『ハーバード流「話す力」の伸ばし方！』S・マッギンティ（三笠書房）
『どうして男は、そんな言い方　なんで女は、あんな話し方』デボラ・タネン（講談社）
『女性の怒りと憂うつ』ロイス・P・フランケル（現代書館）

謝辞

本を書くのは贈り物をするのとよく似ています。時間をかけてふさわしい言葉を選び、相手に喜んでもらえそうな包装をして、わたしが書くのを楽しんだのと同じくらい、相手にも楽しんでもらえるように願う。もちろん、これができるのは多くの人からの贈り物があってこそです。ここで、わたしの人生を長く彩ってくれた人たちに感謝をして、その人たちのことをみなさんにお伝えしたいと思います。

わたしを信じ、励まし、考えを分け合い、わたしの長い沈黙に耐えてくれた世界中の友人、家族、そして仕事仲間――ありがとうございました。

コーポレート・コーチング・インターナショナルのコーチングのメンバーは、支援や協力などを通して、全員がこの本に関わっています。その各人に感謝しますが、なかでもドクター・パム・エアハート、ドクター・ブルース・ヘラー、トム・ヘンシェル、そしてスーザン・ピカシアは、寛大な心で時間を割き、知恵を貸してくれました。あなたがたは仕事仲間であるだけでなく、大切な友人です。

ドクター・キム・フィンガー、テイタム・バーネット、そしてマジェッラ・ルー・スー――アイデアを吟味したり提案したりという援助だけでなく、もっと重要なことに、書くための時間をわたしに与えてくれたことに感謝します。あなたがたはわたしのいないあいだ会社を立派に運営してくれました。何もかも承知し、感謝しています。

コーポレート・コーチング・インターナショナルのたくさんの友人やクライアントたち――女性にとって目標到達の妨げとなるまちがいの逸話や例を提供してくれたことに感謝します。

ボブ・シルヴァースタイン――信頼できる著作権代理人！　熱心にわたしの代理を務め、わたしをコーチし、独特の友情を示してくれてありがとう。これからも素敵な本を一緒につくりましょう。

ダイアナ・バローニとワーナー・ブックスのスタッフ――この本を書くチャンスを与えてくださってありがとう。さらに活動の幅を広げて、この贈り物をたくさんの人に広めるという約束を守っていきます。

弊社刊行物の最新情報などは
以下で随時お知らせしています。
ツイッター
@umitotsuki
フェイスブック
www.facebook.com/umitotsuki
インスタグラム
@umitotsukisha

大人《おとな》の女《おんな》はどう働《はたら》くか？
絶対に知っておくべき考え方、ふるまい方、装い方
2014年8月6日　初版第1刷発行
2021年10月4日　　第16刷発行

著者
ロイス・P・フランケル

訳者
髙山祥子《たかやましょうこ》

編集協力
深井彩美子

印刷
萩原印刷株式会社

発行所
有限会社海と月社
〒180-0003　東京都武蔵野市吉祥寺南町2-25-14-105
電話0422-26-9031　FAX0422-26-9032
http://www.umitotsuki.co.jp

定価はカバーに表示してあります。
乱丁本・落丁本はお取り替えいたします。

ISBN978-4-903212-49-4